두 발로!!
러시아 & 발트 3국 여행
그리고 핀란드

두 발로 러시아 & 발트 3국 여행 그리고 핀란드

초판 1쇄 발행 2025년 7월 8일

지은이 위전환, 위한
펴낸이 장길수
펴낸곳 지식과감성#
출판등록 제2012-000081호

교정 주경민
디자인 강샛별
편집 강샛별
검수 한장희, 정윤솔
마케팅 김윤길

주소 서울시 금천구 벚꽃로298 대륭포스트타워6차 1212호
전화 070-4651-3730~4
팩스 070-4325-7006
이메일 ksbookup@naver.com
홈페이지 www.knsbookup.com

ISBN 979-11-392-2693-5(43920)
값 25,000원

- 이 책의 판권은 지은이에게 있습니다.
- 이 책 내용의 전부 또는 일부를 재사용하려면 반드시 지은이의 서면 동의를 받아야 합니다.
- 잘못된 책은 구입하신 곳에서 바꾸어 드립니다.

지식과감성#
홈페이지 바로가기

두 발로
러시아 & 발트 3국 여행
그리고 핀란드

위전환 · 위한 지음

러시아, 에스토니아, 라트비아,
리투아니아, 그리고 핀란드

들어가며

 "여행이란 행복을 찾아가는 가장 아름다운 길이다."라는 말을 참 좋아한다. 나는 또 하나의 행복을 찾아 몇 해 전 여름, 사랑하는 아들과 함께 시베리아 횡단 열차를 타고 여행을 떠났다.
 덜컹거리는 열차 창밖으로 끝없이 펼쳐지는 시베리아의 광활한 풍경을 바라보며, 낯선 땅에서 마주하는 새롭고 아름다운 풍경, 그리고 많은 사람들과의 만남은 우리에게 황홀감과 신비로움을 선사해 주었다.

 이 책은 바로 우리가 만난 특별한 여정의 기록이다. 그것도 평범한 여행이 아닌, 많은 이들의 로망인 시베리아 횡단 열차를 타고 러시아를 가로지르며, 모스크바, 상트페테르부르크를 넘어, 매혹적인 발트 3국과 북유럽의 아름다움이 가득한 핀란드까지 두 발로 걸었던 25박 26일간의 이야기다.

 이번 여행은 처음부터 끝까지 예측 불가능한 사건과 감동의 순간들로 가득했다. 시베리아의 진주라고 불리는 바이칼 호수, 그 안 올혼섬에서 살아가는 사람들의 이야기, 광활한 시베리아의 대자연 앞에서의 숨 막힐 듯한 경외감, 낯선 도시의 화려하고 아름다운 건축물, 활기 넘치는 시장에서 만나는 사람들의 삶, 이 모든 것들은 그 자체가 감동이요 신비였다. 때로는 예상치 못한 어려움을 만나 당황하기도 했지만, 아들과 함께 헤쳐 가며 서로 의지하며 소중한 추억을 만들어 냈다.

　물론 여행에는 늘 아쉬움이 남는다. '조금 더 준비해 갈걸', '조금 더 용기를 내어 말을 걸어 볼걸' 하는 후회도 있다. 하지만 이 모든 아쉬움을 뒤로하고, 이 여행을 통해 얻은 가장 값진 것은 사랑하는 아들과 함께 긴 시간을 함께 보낼 수 있었다는 것이다. 함께 새로운 풍경에 감탄하고, 맛있는 음식을 먹고, 때로는 서로에게 힘이 되어 주며 어려움을 헤쳐 나가는 소중한 시간들은 그 어떤 풍경보다 아름다운 기억으로 지금도 내 마음속에 남아 있다.

　이제, 그 뜨겁고도 아름다웠던 여행을 당신과 함께 나누려고 한다. 이 책을 펼치는 순간, 당신은 낡은 시베리아 횡단 열차에 몸을 싣고 광활한 러시아 대륙을 가로지르는 특별한 경험을 하게 될 것이다. 그리고 종착역에 다다랐을 땐 당신의 마음속에는 새롭고 아름다운 풍경과 사람들에 대한 따뜻한 추억, 그리고 세상을 바라보는 또 다른 시각이 자리하게 될 것이라 믿는다.

새로운 곳으로의 여행은 늘 설렘과 기대 그리고 긴장감이 함께한다. 이제 러시아, 핀란드 그리고 발트 3국으로의 특별한 여행을 시작해 보자. 덜컹거리는 횡단 열차의 리듬에 맞춰, 낯선 풍경 속에 설레는 마음으로 황홀함과 긴장감 속으로 들어가 보자. 그리고 책을 다 읽고 난 후에는 당신도 이곳으로의 여행을 떠났으면 좋겠다.

러시아 & 발트 3국 그리고 핀란드 여행 여정도

독자 리뷰

두 발로 '여행의 이유'를 보여 준 친절한 여행서 _경기도 화성시 김형숙

  책의 에필로그나 서문을 훑은 후 계속할지 덮을지를 0.5초 안에 결정하는 나는, '여행'이라는 말에 반응하는 민감도가 높은 편이다. 그렇다고 모든 여행 가이드북에 귀가 팔랑거리지는 않는다.
  '다 큰 아들과 아버지의 조합이라니. 하루 이틀도 아니고 25박씩이나? 희귀템이네—.'
  내가 아직 가 보지 않은 곳에서, '남자 둘이 무슨 재미로 그 긴 시간을 함께할 수 있었을까?' 하는 궁금함을 참지 못해 이 두 남자의 여행 루트를 구경해 보기로 했다.

  가는 곳이 어디인지 〈차례〉를 살펴보니, 출국부터 귀국까지의 26일의 동선이 날짜별로 각기 소제목을 달고 여행사 가이드의 깃발처럼 줄지어 있다. 마음이 가는 어느 곳을 먼저 들어갔다 나와도 깃발이 보이니 길을 잃을 염려가 없다. 러시아와 발트 3국(에스토니아, 라트비아, 리투아니아)을 통과해, '북유럽의 꽃'이라 불린다는 핀란드의 헬싱키까지 부자의 안내는 참 친절하다. 상대적으로 낯선 발트 3국에선, "이곳 처음이지? 괜찮아, 아주 괜찮으니 드루와~" 하며 경계를 풀게 만든다. 첫날, 낯선 나라에 도착 후 공항에서 두 사람이 보여 준 즉흥성(?)은 극강의 'T' 기질인 나를 살짝 놀라게 했다. '남자들끼리의 여행은 이런 맛이 있나 보구나.' 좀 부러워지기 시작했고, 기꺼이 다음 페이지로 다음 장소로 이어 갔다.

이 가이드북에서 내가 읽은 것은, '어디' 가서 무엇을 '보았다'가 아닌, 무엇을 '어떻게' '경험했다'이다. 총알봉고의 스릴, 낡은 지프와 비포장길이 선사한 울렁증, 그 끝에서 만난 경이로운 자연, 시베리아 횡단 열차 속에서의 지옥 같은 시간, 호텔 화장실의 변기 고장 사건, 곳곳에서 만난 다채로운 사람들―. 이 모든 것들을 '구경'이 아닌 '체험! 삶의 현장' 모드로 접하는 두 남자의 모험심과 말랑한 여행자 마인드가 페이지 밖으로 전해졌다.

장소나 지역에 관한 저자의 부가 설명 또한 풍부하다. "경험한 만큼 알게 되고, 아는 만큼 보인다."라는 말을 증명이라도 하듯, 역사, 사회, 문화적인 친절한 설명이 따라다녀, 읽고 있으면 음성 지원이 되는 듯한 착각이 들기도 하고, 덩달아 가슴이 웅장해지는 것 같기도 하다.

부록처럼 붙어 있는 〈도움이 되는 각 나라 기본 정보〉와 한눈에 보는 〈러시아 & 발트 3국 그리고 핀란드 여행 일정〉, 〈알짜 정보 여행 Tip〉 등은 저자의 자상함을 보여 준다.

마지막 장을 덮고 나니, '진짜 여행은 비행기 티켓 예매 순간부터 시작되고, 계획을 세우면서 깊어지고, 그 계획을 검증하러 현장에 가고, 집으로 돌아와야 비로소 끝이 난다.'라는 여행자의 길이 새삼 그립다. 자신이 세운 여행 계획들을 검증하러 떠난 현지에서의 생생한 에피소드들을 읽고 나니, 이 부자의 여행이 '2인 1조 3각 달리기'를 연상시킨다. 60대 아버지와 20대 아들이 서로를 의지하며 어깨를 겯고 보폭을 맞추어 자신들의 속도를 찾아내는 모습, 끝까지 완주하여 집으로 돌아가는 뒷모습에 마치 내 일처럼 뿌듯하기도 하다. 체력, 지구력, 포용력을 짱짱하게 갖춘 남자 둘의 26일을 지켜보는 것이 여간 재미있는 게 아니다.

두 부자를 따라, '앉아서 하는 여행'을 하고 나니, 나도 조만간 이곳들을 '두 발로' 검증하고픈 욕구가 스멀거린다. 여행 세포가 다시 깨어나는 이 느낌이 참 좋다. 같이 갈 사람을 물색해야겠다.

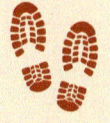

차례

들어가며   4
러시아 & 발트 3국 그리고 핀란드 여행 여정도   7
독자 리뷰   8

---

1. 시베리아의 푸른 진주, 바이칼 호수

1day

머나먼 여정의 시작, 러시아 하바롭스크   24
한산하고 여유로운 하바롭스크   26
권위와 신앙의 중심, 우스펜스키 대성당   27
아무르강 변에서 마주한 중국 땅   28
낯선 버스 안의 풍경   29
이르쿠츠크로 향하는 밤 비행   30
러시아 여행에서의 필수품, 여권과 출국 카드   31

2day

올혼섬으로 가는 길, 바이칼의 품으로   32
총알 봉고를 타고 달리는 시베리아의 풍경   32
페리를 타고 올혼섬으로, 그리고 후지르 마을의 저녁   33
'햇볕이 잘 드는 땅', 올혼섬과의 첫 만남   34

3day

바이칼로 향하는 관문 이르쿠츠크	35
부르한 바위 언덕에서 맞이하는 바이칼의 아침	36
몽골리언의 성소, 올혼섬	38
부여족의 기원이 서린 곳, 바이칼 호수	40
바이칼의 신비로운 기운을 따라서	41
거친 길을 달리는 '우아직'과 따뜻한 '오물(омуль)' 어죽	43
사랑이 이루어진다는 언덕, 류보피	44
몽돌 해변과 하보이곶의 아름다움	45

4day

이르쿠츠크, 시베리아의 신비 속으로	46
시베리아 바로크 양식의 아름다움, 이르쿠츠크	47

5day

바이칼 호수의 관문, 리스트비얀카 마을	51
앙가라강에 깃든 슬픈 사랑 이야기	54
바이칼의 활기 넘치는 풍경 속으로	56

2. 여행객의 로망, 시베리아 횡단 열차

6day

유라시아 대륙을 가로지르는 꿈의 여정, 시베리아 횡단 열차	64
러시아 동진 정책의 역사, 시베리아 초원로의 개척	65
유라시아 대륙의 혈맥, 시베리아 횡단철도	67
잠시 스쳐 가는 시베리아의 심장 크라스노야르스크	69

7day

새로운 시베리아의 중심지 노보시비르스크	71
러시아 경찰은 국제 강도	72

8day

변화무쌍한 시베리아의 품, 예카테린부르크	75
낯선 풍경 속의 이방인	77
그림 같은 러시아의 풍경 속으로	80
러시아 문자의 재미있는 탄생 설화	80
활기 넘치는 페르미 역 풍경	81
체첸에서 온 순수한 청년 아빠 기로바	82

3. 러시아의 심장, 모스크바

9day
낭만과 활력이 넘실대는 모스크바　　　　　　　　　　　88
젊음과 예술의 거리 아르바트 거리　　　　　　　　　　91

10day
붉은 광장의 벅찬 감동 속으로　　　　　　　　　　　　94
붉은 광장의 웅장함을 넘어, 크렘린 광장으로　　　　　100
붉은 광장의 심장, 그리고 영웅 미닌과 포자르스키　　105
문호의 숨결을 따라 톨스토이의 집으로　　　　　　　111
모스크바 강가에 숨겨진 아름다움, 노보데비치 수도원　114

11day
모스크바 지하 궁전으로 시간 여행　　　　　　　　　118
도스토옙스카야(Dostoyevskaya) 역　　　　　　　　　119
콤소몰스카야(Komsomolskaya) 역　　　　　　　　　119
마야콥스카야(Mayakovskaya) 역　　　　　　　　　　120
키옙스카야(Kievskaya) 역　　　　　　　　　　　　　121
플로샤티 레볼류치(Ploshchad Revolyutsii) 역　　　　122
파르크 포베디(Park Pobedy) 역　　　　　　　　　　123

4. 관광객의 미소, 리투아니아

12day

빌뉴스(Vilnius)에서의 첫 발자국, 새벽의 문을 열고   128
새벽의 문(Aušros Vartai)은 파노라마   130
빌뉴스 구시가지의 매력 속으로   132
낯선 도시 빌뉴스에서 만난 따뜻한 인사   136

13day

리투아니아의 숨겨진 보석 트라카이   141
빗속의 성 트라카이   143

14day

십자가 언덕 샤울리아이   146

5. 중세로의 시간 여행, 라트비아

15day

우여곡절 끝에 만난 라트비아의 매력적인 수도, 리가	152
오랜 역사를 고스란히 품은 삼 형제의 집	156
라트비아 리가에서 맛보는 중세의 향수	160

16day

라트비아의 스위스, 시굴다	163
불륜의 장소 구트마니스 동굴	166
라트비아 사람들이 가장 좋아하는 성 투라이다	166

6. 사진처럼 예쁜 나라, 에스토니아

17day

발트해의 보석, 탈린	172
탈린 구시가지 미리보기	175

18day

동화 속으로 떠나는 탈린 여행	178
가장 오래된 박물관 도미니칸	179
13세기 고딕 양식 니굴리스테 교회	179
고풍스러운 뾰쪽한 지붕 세 자매 건물과 올레비스테 교회	180
고풍스러운 분위기 속 톰페아 언덕	182

19day

촉촉한 하루 합살루 여행	187
합살루의 전설 하얀 옷의 여인	189
빗속의 자동차 전시회	191

7. 북유럽의 꽃, 헬싱키

20day

발트해를 건너 핀란드의 수도 헬싱키로 　　　　　　　　　　　　196
소박하고 아름다운 교회 템펠리아우키오 　　　　　　　　　　　199

21day

북유럽의 푸른 심장 헬싱키에서의 하루 　　　　　　　　　　　　202

8. 웅장하고 아름다운 매력의 도시, 상트페테르부르크

22day

버스를 타고 꿈결 같은 상트페테르부르크로	210
활기차고 아름다운 거리 넵스키 대로	212

23day

황금빛 분수 속에 빛나는 상트페테르부르크 여름궁전	216
섬세하고 웅장한 성 이삭 성당	220
상트페테르부르크의 한국 음식점 '밥집'	221

24day

네바강의 요새 페테르파블롭스크	223
차분하고 섬세한 성 블라디미르 대성당	225
석양 속의 꽃 궁전 다리	227
바티칸 성당을 닮은 반원형 러시아 정교회 카잔 성당	228

25day

맛있는 음식 여행	231

26day

귀국	242

□ 도움이 되는 각 나라 기본 정보   245
□ 러시아 & 발트 3국 그리고 핀란드 여행 일정   254
□ 기본 준비물 및 배낭에 넣을 것   256
□ 알짜 정보 여행 TIP   257

러시아 I
Озеро Байкал
바이칼 호수

러시아의 푸른 진주 바이칼 호수에 왔다.
부여족의 기원이 서린 이곳에서 천진한 아이처럼
마냥 자유롭고 행복하고 싶다.

1. 시베리아의 푸른 진주, 바이칼 호수

`1day`

머나먼 여정의 시작, 러시아 하바롭스크

아침 8시, 광명역에서 공항버스를 타고 설레는 마음으로 인천공항으로 향했다. 평일 오전이라 그런지 버스 안은 한산했고, 만 원의 버스비가 아깝지 않을 만큼 편안하게 공항까지 이동했다. 본격적인 휴가철이 아니라 인천공항도 생각보다 조용했다.

오후 1시, 드디어 우리를 러시아 땅으로 데려다줄 러시아 항공 SU5451 편 비행기에 몸을 실었다. 2시간 50분의 비행 끝에 현지 시각 오후 4시 50분, 비행기는 하바롭스크 공항에 도착했다. 작고 아담한 하바롭스크 공항은 무척이나 한산했고, 하늘은 맑고 깨끗했다. 우리는 다시 비행기를 갈아타고 최종 목적지 이르쿠츠크로 가야 했다.

　이르쿠츠크행 비행기는 국내선이었기 때문에, 짐을 찾아 공항 밖으로 나와야 했다. 밖으로 나온 우리는 순간 당황했다. 어떻게 환승을 해야 할지 전혀 감이 잡히지 않았기 때문이다. 다행히 아들이 안내센터에 묻고 나서, 공항 밖으로 나와 왼쪽으로 5분 정도 걸어가니 국내선 공항이 나타났다.

　국내선 공항에 도착했지만, 우리가 타야 할 다음 비행기는 밤 10시 35분에 출발 예정이라고 했다. 탑승 시간까지 무려 5시간이 넘게 남은 상황, 지루함을 달래며 공항을 서성이다가 1년에 한 번씩 이르쿠츠크에 온다는 반가운 한국인 유학생을 만났다. 마침 그 학생도 하바롭스크는 처음이라서 시내를 둘러보고 싶

1. 시베리아의 푸른 진주, 바이칼 호수

다고 했다. 우리는 흔쾌히 동행하기로 하고 하바롭스크 시내 투어를 시작했다.

한산하고 여유로운 하바롭스크

공항 지하에 있는 짐 보관소에 200루블(한화 약 4천 원)을 내고 짐을 맡긴 후, 하바롭스크 시내 관광에 나섰다. 공항에서 시내까지는 버스로 약 30분 정도 걸렸다.

*하바롭스크 국제공항 국내선

우리는 레닌 광장에서 내려 콤소몰 광장까지 천천히 걸었다. 거리는 무척 한산하고 여유로운 분위기였다. 이곳 사람들은 아시아인과 유럽인들의 외모가 많이 섞여 있는 듯 보였다. 이곳은 언뜻 보면 아시아의 어느 나라 같기도 하고, 유럽의 어느 도시 같기도 한 묘한 매력이 있었다. 30분 정도 거닐다 보니 넓고 웅장한 콤소몰 광장이 눈앞에 나타났다. 광장 안에는 인상적인 우스펜스키 대성당이 자리하고 있었다.

권위와 신앙의 중심, 우스펜스키 대성당

　우스펜스키 대성당은 과거 권력과 신앙의 중심지였다고 한다. 러시아 황제들은 전쟁터에 나갈 때 주교를 동행시켰고, 주교는 수시로 이곳에서 장교와 군대를 축복하는 의식을 행했다고 한다. 성모 승천 사원이라고도 불리는 우스펜스키 대성당은 러시아 정교회를 이끄는 핵심적인 건물이다. 겉에서 보기에는 소박했지만, 성당 내부는 그야말로 장관이었다. 천장, 벽, 바닥 할 것 없이 아름다운 성화들로 가득 채워져 있었는데, 화려함보다는 섬세함이 돋보이는 그림들이 많았다. 서유럽의 성당들이 넓고 높은 창문으로 햇빛이 가득 쏟아지는 데 비해, 러시아의 성당들은 창문이 거의 없거나 작았다. 따라서 내부는 어둡고 엄숙한 분위기 속에서 더욱 깊은 종교적인 느낌을 받을 수 있었다. 지금도 새해 전야에는 대통령과 시장 등 각료들이 이곳에 모여 미사를 드린다고 한다.

*콤소몰 광장(좌), 우스펜스키 대성당(우)

아무르강 변에서 마주한 중국 땅

콤소몰 광장 바로 앞에는 드넓게 펼쳐진 아무르강이 유유히 흐르고 있다. 아무르강은 러시아 시베리아 남동부에서 발원하여 중국 동북부 국경을 따라 흐르다 하바롭스크 부근에서 북동쪽으로 방향을 틀어 오호츠크해로 흘러드는 강이다. 중국과 국경을 이루고 있는 이 강은 중국에서는 헤이룽강 또는 헤이허강이라고 불리고, 러시아에서는 아무르강, 몽골인과 퉁구스인은 하라무렌(검은 강이라는 뜻)이라고 부른다. 최상류부의 실카강과 오논강을 포함하면 길이가 4,350km에 달하는 세계 8위의 긴 강이다. 유역 면적은 205만 2천km²로 세계 10위에 해당한다. 시내를 걸으며 더위에 지쳐 갈 무렵, 시원한 강바람이 불어와 더위를 식혀 주었다. 강가에는 일광욕을 즐기는 연인들의 모습이 여기저기 눈에 띄었다. 콤소몰 광장에서 계단을 따라 아무르 강가로 내려가자, 저 멀리 중국 땅 흑룡강성이 희미하게 눈에 들어왔다.

*아무르강 변

낯선 버스 안의 풍경

공항으로 돌아오는 시내버스에는 안내양이 없었다. 대신 키가 무척 큰 청바지 차림의 승무원 아저씨가 표를 검사했다. 무뚝뚝한 표정에 조금은 무섭기까지 했다. 정복을 입은 것도 아니고 아무리 봐도 승무원 같지는 않았지만, 신기하게도 이곳 사람들은 모두 그에게 차비를 지불하고 있었다.

*하바롭스크 거리 풍경(좌), 키가 큰 버스 승무원 아저씨(우)

이르쿠츠크로 향하는 밤 비행

밤 10시 35분, 우리가 탄 SU5652 편 비행기는 드디어 이르쿠츠크 공항을 향해 이륙했다. 날씨는 좋았고, 비행은 순조로웠다. 정확히 3시간 40분 후, 밤 12시 15분에 이르쿠츠크 공항에 도착했다. 하바롭스크에서 이르쿠츠크까지 가는 비행기는 국내선이라 별도의 입국 절차는 없었다. 짐이 나오기를 기다리는 동안 약간의 시간이 지체되었지만, 그리 오래 걸리지는 않았다. 공항 밖으로 나오자, 우리와 함께 여행할 여행꾼 여행사 대표이자 인솔자 데니스가 기다리고 있었다. 8명이 함께 투어를 하기로 했는데, 다른 일행들은 대한항공 직항 편을 이용하여 이미 이르쿠츠크에 도착했고, 아들과 나는 미처 항공권을 구하지 못해 러시아 항공을 이용하여 하바롭스크를 경유해 도착한 것이었다. 대한항공을 탄 일행들은 입국 절차를 밟느라 시간이 많이 지체되었다고 했다. 서울은 30도가 넘는 폭염이라는데, 밤 12시가 넘자 이곳에서는 긴팔을 꺼내 입어야 할 정도로 쌀쌀했다. 두 시간이 넘게 다른 일행들을 기다린 후에야 우리는 숙소인 로얄호텔에 도착할 수 있었다.

*이르쿠츠크 공항(좌), 우리의 러시아에서의 첫 숙소 로얄호텔(우)

러시아 여행에서의 필수품, 여권과 출국 카드

숙소에 도착한 후, 데니스는 '이곳 러시아에서는 여권과 출국 카드가 매우 중요하다'고 강조했다. 특히 러시아는 거주지 등록을 해야 하기 때문에, 이 두 가지 서류는 항상 소지하고 다녀야 하며, 가끔 경찰이 불시 검문을 하는 경우가 있는데, 이때 제대로 제시하지 못하면 예상치 못한 어려움을 겪을 수 있다고 주의를 주었다.

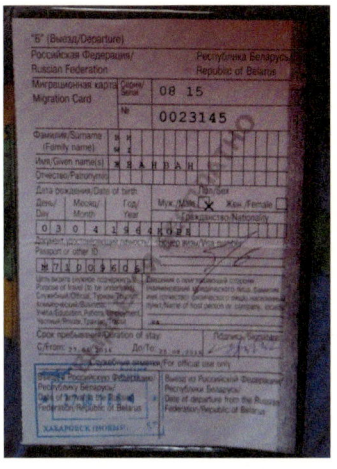

길고도 험난했던 하루를 마무리하며, 낯선 러시아 땅에서의 첫날 밤이 깊어 갔다. 앞으로 시작될 러시아 여행에 대한 설렘과 약간의 긴장감을 안고 잠자리에 들었다.

여행 일정

▶ 인천공항

▶ 하바롭스크 노비공항

▶ 하바롭스크 시내 투어

▶ 이르쿠츠크

숙소: Royal Hotel(Ultsta Deskabarskih Sobyty 31. 664007 Irktsk)

2day

올혼섬으로 가는 길, 바이칼의 품으로

백야의 나라 러시아의 아침은 새벽인데도 환한 대낮 같았다. 아침 여섯 시밖에 되지 않았는데 방 안은 벌써 후덥지근했다. 창문을 활짝 여니 시원한 바람이 불어와 그나마 더위를 식혀 주었다. 간단하게 계란프라이를 곁들인 따뜻한 빵과 향긋한 커피로 아침 식사를 마치고, 오전 9시 40분, 우리는 올혼섬으로 향하는 봉고차에 몸을 실었다.

총알 봉고를 타고 달리는 시베리아의 풍경

이르쿠츠크에서부터 7시간이나 걸린다는 먼 길을, 우리가 탄 봉고차는 마치 총알처럼 쏜살같이 달려 3시간 반 만에 올혼섬 선착장에 도착했다. 앞에 차가 보이기만 하면 운전기사는 도저히 속도를 줄이지 못하는 듯했다. 얼마쯤 달리니 덜컹거리는 비포장도로가 나타났다. 2차선 도로라 차량은 많지 않았지만, 속도를 내기에는 쉽지 않은 길이었다. 그럼에도 불구하고 운전기사는 계속해서 속도를 냈다. 이렇게 빠른 속도로 끝없이 펼쳐진 초원과 울창한 숲이 번갈아 나타나는 아름다운 풍경을 감상하며 달리다 보니, 어느덧 올혼섬으로 들어가는 선착장에 도착해 있었다.

*올혼섬 가는 길

페리를 타고 올혼섬으로, 그리고 후지르 마을의 저녁

30분 정도를 기다린 끝에 우리는 페리를 타고 올혼섬의 중심인 후지르 마을에 도착했다. 우리가 2박 3일 동안 머무를 숙소는 아늑한 통나무집이었다. 1인당 2박에 4,700루블(한화 약 8만 원 정도)로 비교적 저렴한 가격이었다.

숙소를 정하고 저녁 식사를 하기 위해 마을 카페로 갔다. 이곳에선 카페에서 식사도 하고 차도 마신다. 따뜻한 국물에 담긴 러시아식 만두와 빵, 그리고 시원한 보드카와 흑맥주로 늦은 저녁 식사를 즐겼다. 식사 후에는 슈퍼마켓에 들러 물과 음료수를 사서 숙소로 돌아왔다. 숙소 바로 앞에는 넓은 바이칼 호수 백사장이 펼쳐져 있었는데, 아쉽게도 우리가 도착했을 때는 이미 해가 지고 있었다. 이곳의 석양은 무척 아름답다고 했다. 조금만 더 서둘러 왔더라면 붉게 물든 석양을 사진에 담을 수 있었을 텐데…. 아쉬운 마음이 들었다.

'햇볕이 잘 드는 땅', 올혼섬과의 첫 만남

　올혼섬은 바이칼 호수 안에 있는 26개의 크고 작은 섬들 중 가장 큰 섬으로, 길이는 약 72km, 폭은 약 15km에 달한다. 전체 면적은 약 730㎢에 이른다. '올혼'이라는 이름은 부랴트어로 '햇볕이 잘 드는 땅'이라는 뜻이라고 한다. 실제로 이곳은 지구상에서 맑은 날이 가장 많이 관측되는 지역 중 하나라고 하니, 이름처럼 햇살 가득한 아름다운 섬인 것 같다. 섬 주민은 대부분 우리가 머무는 후지르 마을에 모여 살고 있다.

　2박 3일 동안 우리의 보금자리가 되어 줄 아늑한 통나무집, 소박하지만 정겨운 후지르 마을의 거리 풍경, 그리고 작은 슈퍼마켓의 모습은 낯설지만 편안한 느낌을 주었다. 바이칼 호수의 가장 큰 섬, 올혼섬에 발을 디딘 설렘과 앞으로 펼쳐질 아름다운 풍경에 대한 기대감으로 가슴이 두근거렸다.

여행 일정

▶ 이르쿠츠크 → 바이칼 호수(내) 올혼섬

▶ 올혼섬(후지르 마을) 투어

숙소: 올혼섬 내 솔레츠나야

3day

바이칼로 향하는 관문 이르쿠츠크

'성스러운 바다', '세계의 민물 창고', '시베리아의 푸른 눈', '시베리아의 진주' 등 아름다운 수식어로 불리는 바이칼 호수는 러시아의 심장, 시베리아에 자리하고 있다. 깊은 곳은 무려 1,630m에 달하는 깊이를 자랑하며, 세계 담수량의 20%를 차지하는 거대한 호수다. 넓고 끝없이 맑은 이 고요한 호수는 수많은 이야기와 신비를 간직하고 있었다.

*투명한 강물이 흐르는 바이칼 호수

이 아름다운 호수를 만나기 위해서는 반드시 거쳐야 할 도시가 있다. 바로 인구 60만의 작은 도시, 이르쿠츠크다. 과거 제정러시아 시절, 이곳은 귀족들의 유배지였다. 머나먼 타향으로 유배 온 귀족들은 수도원과 교회를 세우고 미사를 올렸으며, 당시 세워진 수도원과 교회는 지금까지도 그 모습을 간직하고 있다. 지금은 교통이 발달하여 어디든 쉽게 오갈 수 있지만, 당시만 해도 이르쿠츠크는 한번 유배되면 다시는 돌아갈 수 없는 시베리아의 깊숙한 오지였다고 한다.

부르한 바위 언덕에서 맞이하는 바이칼의 아침

새벽 공기를 가르며 후지르 마을에 있는 부르한 바위 언덕 위로 올랐다. 넓고 맑은 바이칼 호수가 눈앞에 시원하게 펼쳐졌다. 부르한 바위는 바이칼 호숫가에 굳건히 버티고 서 있는 듬직한 터줏대감 같은 존재다. 일각에서는 칭기즈칸의 무덤이 이곳에 있다는 전설도 전해 내려온다. 이른 시간인데도, 그림을 그리러 나온 몇몇 사람들이 아름다운 바이칼의 풍경을 캔버스에 담고 있었다. 숙소에서 부르한 바위 언덕까지는 천천히 걸어 왕복 한 시간 반 정도 걸렸다. 이른 아침이라 그런지 사람들은 그리 많지 않았다.

언덕 아래로는 넓게 펼쳐진 사라이스키만 호변이 그림처럼 펼쳐져 있었다. 잔잔하게 일렁이는 파도와 넓은 백사장은 마치 강원도에 있는 화진포 해변을 떠올리게 했다. 가까이에서 볼 때는 그저 투명하게만 보이던 호수는 이곳에서는 짙은 남색을 띠고 있었다. 호수 건너편 저 멀리에서는 희미한 안개가 몽실몽실 피어오르고 있었다. 그 안에는 곧바로 마셔도 될 정도로 깨끗한 물로 가득 찬 세계 최대의 호수, 바이칼이 있고, 우리가 머무르고 있는 올혼섬이 자리하고 있다. 이곳의 물은 풍부한 미네랄을 함유하고 있어 일본과 우리나라로 수출되기도 하며, 현

지 사람들은 별도의 여과 과정 없이 수도관을 통해 호수의 물을 그대로 마신다고 한다.

*이른 아침 그림을 그리는 여인(좌), 사라이스키만 호변(우)

몽골리언의 성소, 올혼섬

*부르한 바위 근처 '세르게'

바이칼 호수는 보통 북부와 남부로 나뉘는데, 북부 지역은 주변에 산이 많아 더욱 아름다운 경치를 자랑한다. 일반적으로 여객선이 운항하지만, 겨울에는 호수표면이 두껍게 얼어붙어 배가 다니지 못한다. 보통 12월부터 5월까지 얼음이 어는데, 그 두께가 1m에서 1.5m에 이른다고 하니 시베리아의 혹독한 추위를 짐작할 수 있다. 어부들은 그물로 고기를 잡지만, 겨울에는 얼음을 깨고 낚시를 즐긴다. 이곳의 대표적인 물고기는 '오물(омуль)'이다. 꽁치처럼 생긴 이 물고기는 구워 먹기도 하지만, 주로 소금에 절여 날로 먹는다. 이곳에서는 말린 오물이 야생 잣과 함께 관광객들에게 가장 인기 있는 기념품이다.

바이칼에서 최고의 아름다움과 의미를 품고 있는 곳은 바로 이곳 '올혼섬'이다. 이르쿠츠크에서 차로 6~7시간을 달려 다시 페리호를 타고 건너야 하는데, 몽골리언의 시원이 서려 있는 신성한 땅이다. 아주 먼 옛날, 바이칼이 세 개의 호수로 나뉘어 있었을 때 올혼섬은 동쪽과 서쪽을 연결하는 육지였다고 한다. 훗날 지각 변동으로 섬이 되었고, 몽골 사람들은 이 섬 중앙에 있는 '부르한 바위'를 신성시했다.

부여족의 기원이 서린 곳, 바이칼 호수

부르한 바위가 보이는 언덕 위에는 나무 기둥이나 살아 있는 나무마다 알록달록한 천들이 휘감겨 바람에 펄럭이고 있었다. '오보'라고 불리는 이 천들은 시베리아에 살고 있는 무속인들이 걸어 놓은 것이다. 몽골인들의 정신적인 상징인 부르한 바위를 바라보며, 과거 무당들은 춤을 추고 제를 올렸을 것이다. 몇 해 전에는 한국의 무당들이 대거 몰려와 이곳에서 성대한 굿판을 벌였는데, 현지 언론의 뜨거운 취재 열기로 볼만했다고 한다.

부르한 바위는 겉으로 보기에는 그다지 웅장해 보이지도 않고, 주변에는 나무 한 그루 없다. 왜 몽골 사람들이 이 평범해 보이는 바위를 그토록 신성하게 여겼을까 궁금했다. 과학자들도 부르한 바위에 대한 궁금증을 풀기 위해 바위 성분을 과학적으로 분석했는데, 흥미로운 결과가 나왔다고 한다. 바위 전체가 강력한 자력을 띤 철광석으로 이루어졌다는 것이다. 인간의 정신적인 영역을 현대 과학만으로 설명할 수는 없겠지만, 그 분석 결과만으로도 과거 우리 조상들이 이 바위를 예사롭지 않게 여길 수밖에 없었던 이유를 어렴풋이 짐작할 수 있었다.

이곳은 우리 상고사와도 깊은 관련이 있다고 한다. 부여족의 터전이었다는 설도 있다. '부랴트'라는 말이 발음 차이를 고려하면 '부여'와 유사하기 때문에, 이곳에 살고 있는 부랴트족이 바로 부여족의 후손이며, 지금도 그 자리를 지키며 살고 있는 우리의 핏줄이라는 것이다. 그 학설의 진위 여부를 떠나, 바이칼이 우리 민족의 상고시대와 연결되어 있다는 점은 부인할 수 없을 것이다. 해가 뜨고 질 무렵, 또 별들이 쏟아지는 한밤중에도 부르한 바위를 바라보며 '나는 누구이고 또 어디에서 왔는가'를 생각해 보는 순간, 마치 한 줄기 유성이 계시를 내리듯 밤하늘을 스쳐 지나갔다.

바이칼의 신비로운 기운을 따라서

바이칼 호숫가에 우뚝 솟은 부르한 바위는 칭기즈칸이 묻혔다는 전설을 간직한 신성한 곳이다. 웅장한 부르한 바위, 그리고 형형색색의 '자아라' 천이 휘감긴 '세르게'라 불리는 나무 기둥들이 캔버스 위에 아름답게 되살아나고 있었다. 언덕 위에 올라서 내려다본 사라이스키만 호숫가는 넓고 시원한 풍경을 선사했다.

바이칼 호수는 예로부터 한민족의 시원이라고도 일컬어지는 신비로운 곳이다. '바이칼'이라는 이름은 몽골어로 '자연'을 의미하는 '바이갈(Baigal)'에서 유래되었으며, 원주민인 부랴트족의 언어인 타타르어로는 '풍요로운 호수'라는 뜻을 가지고 있다. 이름처럼, 바이칼은 풍요로운 자연과 깊은 역사를 품고 있는 곳이다.

초승달 모양을 닮은 올혼섬은 예로부터 샤머니즘의 성지로 여겨져 왔다. 부르한 바위 주변 여기저기에는 다양한 색깔의 천, '자아라'가 휘감긴 '세르게'들이 줄지어 서서 묵묵히 바이칼 호수를 굽어보고 있다. 수많은 사람들의 염원이 깃든 자아라와 세르게는 이곳에 신성한 기운을 흠뻑 담고 있었다. 후지르 마을의 부르한 바위 또한 오랜 세월 동안 쌓인 사람들의 간절한 소망을 담고 있는 듯 신비로운 분위기를 자아냈다.

*부르한 바위

거친 길을 달리는 '우아직'과 따뜻한 '오물(омуль)' 어죽

아침 식사 후, 본격적인 올혼섬 투어가 시작되었다. 우리는 러시아제 '우아직'이라는 지프차를 타고 출발했다. 낡은 듯 투박한 모습의 우아직은 비포장도로와 울퉁불퉁한 지면을 거침없이 달렸고, 그 덕분에 우리는 마치 바이킹을 탄 듯 온몸으로 격렬한 흔들림을 느껴야 했다. 뱃속의 창자가 제자리를 벗어난 것처럼 정신없는 울렁거림 속에서 30분쯤 달렸을까? 과거 소련 시절 강제 수용소가 있었다는 빼씨얀카 부두에 도착했지만, 그 흔적은 거의 남아 있지 않았다.

잠시 후, 우리를 싣고 다니던 운전기사들이 점심 식사를 준비했다. 메뉴는 바이칼에서만 잡힌다는 특별한 물고기 '오물'과 쌀, 감자를 넣어 끓인 어죽이었다. 오물로 끓인 어죽은 마치 시원한 북엇국과 비슷한 맛을 내며, 전날의 숙취로 불편했던 속을 따뜻하게 달래 주었다. 투박하지만 정성이 가득 담긴 따뜻한 점심 식사는 올혼섬에서의 특별한 추억으로 남았다.

*올혼섬의 발 우아직(상), 바이칼의 맛 오물 어죽(하)

사랑이 이루어진다는 언덕, 류보피

　다음으로 도착한 곳은 사랑의 언덕이라 불리는 '류보피'였다. 멀리서 내려다보면 여성의 성기와 닮은 독특한 모양을 하고 있는 언덕이다. 그래서인지 이곳에는 재미있는 속설이 전해 내려오고 있었다. '언덕의 왼쪽으로 가면 아들을 낳고 오른쪽으로 가면 딸을 낳는다'고 한다. 우리는 그저 신기한 모양의 언덕을 감상하며 즐겁게 사진을 찍었다.

　올혼섬 전통 가옥 형태의 통나무집 창가에서 맑고 투명한 바이칼 호수와 시베리아의 청명한 공기를 마시니, 영국 작가 제임스 힐턴의 소설 《잃어버린 지평선》에 나오는 이상적인 낙원, 샹그릴라가 바로 이곳이 아닐까 하는 상상에 잠시 빠져들었다. 맑은 날, 사랑의 언덕에서 바라본 바이칼 호수는 하늘과 호수의 경계가 희미하여 마치 꿈속의 풍경처럼 몽환적인 분위기를 자아냈다.

*사랑의 언덕 류보피

몽돌 해변과 하보이곶의 아름다움

숙소로 돌아와 잠시 휴식을 취한 후, 우리는 자전거를 빌려 타고 언덕 너머 부르한 바위까지 하이킹을 즐겼다. 언덕 위를 자전거로 달리는 기분은 마치 말을 타고 초원을 달리는 것처럼 상쾌했다. 땀 흘린 뒤 만나는 시원한 바람은 그 어떤 음료보다 청량했다.

올혼섬 최북단에 위치한 하보이곶은 또 다른 아름다움을 선사했다. 깎아지른 듯한 절벽과 푸른 바이칼 호수가 어우러진 풍경은 숨 막힐 듯 아름다웠다. 이곳에서 바라보는 일몰은 붉은 노을이 하늘과 호수를 붉게 물들이며 잊을 수 없는 장관을 연출했다.

올혼섬에서의 하루는 바이칼의 신비로운 자연과 독특한 문화를 경험할 수 있는 소중한 시간이었다. 지프차를 타고 달리는 스릴과 따뜻한 현지 음식을 맛보는 즐거움, 그리고 아름다운 풍경 속에서 평화를 느끼는 행복까지, 올혼섬은 우리에게 잊지 못할 많은 추억들을 선사했다.

*몽돌 해변(좌), 하보이곶(우)

여행 일정

▶ 부르한 바위

▶ 시라이스키만 호변

▶ 류보피

▶ 하보이곶

숙소: 올혼섬 내 솔레츠나야

4day

이르쿠츠크, 시베리아의 신비 속으로

 아침 8시 30분, 올혼섬 숙소를 나선 우리는 신비로운 부르한 바위를 잠시 둘러보고 시베리아의 파리라 불리는 이르쿠츠크로 향했다. 항구에 도착하니, 이미 우리를 태울 페리가 기다리고 있었다. 그곳에는 패키지여행을 온 듯한 한국인 단체 관광객들과 또 다른 중국인 여행팀으로 북적였다. 한국인 가이드의 다소 딱딱하고 권위적인 안내에도 별다른 선택 없이 따라다니는 여행객들의 모습을 보며, 우리만이 자유롭게 여행하는 것에 대한 행복을 다시 한번 실감했다.

 오전 10시, 아름다운 올혼섬을 뒤로하고 우리 일행을 태운 봉고차는 드디어 이르쿠츠크를 향해 달리기 시작했다. 꽤 오랜 시간 동안 비포장도로를 달려야 했기에, 차창 틈으로 흙먼지가 간간이 날아들어 왔다. 얼마나 달렸을까, 드넓은 초원에서 한가롭게 풀을 뜯고 있어야 할

소 떼들이 마치 약속이라도 한 듯 도로 한가운데를 점령하고 있다. 마치 무언가를 간절히 요구하며 시위라도 벌이는 군중들처럼 말이다. 예상치 못한 광경에 모두 웃음을 터뜨렸고, 잠시 차에서 내려 사진을 찍는 재미있는 시간을 가졌다.

*길을 가득 메운 소 떼(좌), 공원에 서 있는 레닌 동상(우)

시베리아 바로크 양식의 아름다움, 이르쿠츠크

우여곡절 끝에 이르쿠츠크에 도착한 우리는 잠시 숙소에서 여장을 풀고 곧바로 시내 투어에 나섰다. 가장 먼저 눈에 들어온 것은 공원 한가운데 우뚝 서 있는 레닌 동상이었다. 굳건한 표정으로 정면을 응시하는 그의 모습은 격동의 러시아 역사를 떠올리게 했다.

다음으로 간 곳은 활기 넘치는 중앙 재래시장이다. 형형색색의 신선한 채소와 과일, 다양한 생필품과 기념품들을 파는 상인들의 활기찬 목소리가 시장 안을 가득 채우고 있었다. 현지인들의 삶의 모습을 가까이에서 엿볼 수 있는 흥미로운 경험이었다.

*이르쿠츠크 중앙 재래시장 모습

　이르쿠츠크 시내 곳곳에는 독특하고 아름다운 건축물들이 눈길을 사로잡았다. 특히 러시아 정교회의 전통 양식과 유럽의 바로크 양식이 절묘하게 조화된 '시베리아 바로크' 양식의 건물들은 다른 도시에서는 쉽게 볼 수 없는 독특한 아름다움을 자랑했다. 화려하면서도 섬세한 장식들은 과거 이 도시의 번영을 짐작하게 했다.
　웅장한 알렉산드르 3세 동상 앞에서 잠시 멈춰 서서 그의 업적을 되새겨 보기도 하고, 유유히 흐르는 앙가라강 변을 따라 산책하며 여유로운 시간을 보내기도 했다.

*알렉산드르 3세 동상

　마지막으로 간 곳은 '영원의 불꽃 추모공원'이었다. 제2차 세계대전 당시 조국을 위해 목숨을 바친 무명용사들의 넋을 기리기 위해 조성된 이곳에는 꺼지지 않는 영원한 불꽃이 타오르고 있었다. 나라에 경제적으로 어려움이 있을 때를 제외하고는 늘 꺼지지 않는다고 하는 이 불꽃을 보며, 조국을 위해 희생한 영웅들을 기리는 러시아인들의 숭고한 마음을 느낄 수 있었다.

*깨끗하게 잘 단장된 추모공원

1. 시베리아의 푸른 진주, 바이칼 호수

키로프 광장 근처에 자리한 아름다운 사원의 웅장한 모습은 동서양 문화가 공존하는 이르쿠츠크의 매력을 더욱 돋보이게 했다. 러시아 정교회의 웅장함과 시베리아 특유의 소박함이 어우러진 사원의 모습은 깊은 인상을 남겼다.

*키로프 광장 근처에 자리한 아름다운 사원

동서양의 문화가 아름답게 어우러진 도시 이르쿠츠크. 과거 시베리아 무역의 중심지로서 번성했던 흔적과 현재의 활기찬 모습이 공존하는 매력적인 도시였다. 짧은 시간이었지만, 이르쿠츠크의 다채로운 매력을 느낄 수 있었던 소중한 시간이었다.

여행 일정

- ▶ 올혼섬 → 이르쿠츠크
- ▶ 이르쿠츠크 시내 투어(중앙 재래시장, 레닌 동상, 알렉산드리아 3세 동상, 앙가라강, 영원의 불꽃 추모공원)

숙소: Royal Hotel

5day

바이칼 호수의 관문, 리스트비얀카 마을

1. 시베리아의 푸른 진주, 바이칼 호수

시베리아 횡단 열차 탑승을 하루 앞두고, 우리는 바이칼 호수의 아름다움을 만끽하기 위해 리스트비얀카 마을로 갔다. 이르쿠츠크에서 동남쪽으로 약 70km 떨어진 작은 도시 리스트비얀카는 '낙엽송'이라는 뜻을 가진 마을이다. 마을로 향하는 2차선 아스팔트 포장도로 양옆으로 키 큰 자작나무와 푸른 소나무 숲이 끝없이 펼쳐져 있었다.

창밖으로 스쳐 지나가는 풍경은 마치 한 폭의 수채화 같다. 햇살에 반짝이는 앙가라강이 유유히 흐르고, 강 옆으로는 넓은 습지가 잔잔하게 펼쳐져 있다. 숲 사이사이로는 아담한 통나무집으로 지어진 러시아식 별장, '다차'들이 그림처럼 자리 잡고 있다. 소박하면서도 정겨운 풍경은 러시아의 전원적인 아름다움을 고스란히 보여 주고 있었다.

*여러 폭의 동양화로 가득한 자작나무

리스트비얀카 마을로 향하던 중, 우리는 자작나무 숲 깊숙이 자리한 원주민 마을에 잠시 들렀다. 숲 전체가 하얀 수피를 자랑하는 자작나무로 빼곡하게 둘러싸여 있었다. 바람에 흔들리는 자작나무 잎사귀들의 속삭임은 마치 자연의 교향곡처럼 은은하게 울려 퍼졌다. 특히 눈길을 끌었던 것은 자작나무 껍질에 그려진 듯한 독특한 무늬였다. 마치 여러 폭의 동양화를 감상하는 듯, 나무 한 그루 한 그루가 저마다 예술 작품인 것처럼 아름다운 자태를 뽐내고 있었다.

　마을 곳곳에는 원주민들이 살았던 흔적도 고스란히 남아 있었다. 오래된 통나무집과 낡은 농기구들은 과거 이곳에서 삶을 일궜던 사람들의 이야기를 들려주는 듯했다. 산책길을 따라 천천히 걷다 보니, 마치 시간 여행을 떠나 원주민이 된 듯한 착각에 빠지기도 했다. 맑은 공기를 마시며 조용히 숲길을 걷는 경험은 도시 생활에 지친 우리에게 힐링과 여유를 선물해 주었다.

푸른 숲과 맑은 강, 그리고 소박한 마을 풍경 속에서 잠시나마 자연과 하나 되는 특별한 시간을 보낸 후, 우리는 다시 리스트비얀카 마을을 향해 발걸음을 옮겼다.

앙가라강에 깃든 슬픈 사랑 이야기

리스트비얀카로 향하는 길목에서 눈앞에 펼쳐진 푸른 앙가라강 옆으로 독특한 바위 하나가 우리의 시선을 끌었다. 이곳에서는 훈제된 '오물'을 파는 노점상들이 정겹게 손님을 맞이하고 있었다. 그런데 이 평화로운 풍경 속에 슬픈 전설이 깃들어 있다고 한다.

옛날, 바이칼 호수를 다스리는 바이칼 왕에게는 336명의 용맹한 아들과 아름다운 외동딸 앙가라가 있었다. 앙가라는 씩씩하고 용감한 예니세이라는 청년을 깊이 사랑했다. 하지만 아버지 바이칼 왕은 앙가라를 이르쿠트라는 다른 청년에게 시집보내려 했다.

자신의 마음을 몰라주는 아버지에게 야속함을 느낀 앙가라는 어느 깊은 밤, 사랑하는 예니세이와 몰래 도망치기로 결심한다. 캄캄한 밤, 앙가라는 아버지 몰래 바이칼 호수를 빠져나와 예니세이가 있는 곳으로 힘껏 달려갔다.

뒤늦게 딸이 사라진 것을 안 바이칼 왕은 크게 분노했다. 그는 딸을 붙잡기 위해 거대한 바위를 집어 던졌다. 안타깝게도 그 바위에 맞은 앙가라는 그 자리에서 숨을 거두고 말았다. 슬픔에 잠긴 바이칼 왕의 눈물은 강이 되어 흘렀고, 딸을 향해 던졌던 바위는 앙가라강이 바이칼 호수와 만나는 지점에 영원히 남게 되었다고 한다. 사람들은 이 바위를 앙가라의 슬픈 사랑 이야기를 기리며 '샤먼 바위'라고 불렀다.

푸른 강물에 외로이 떠 있는 샤먼 바위를 바라보니, 이루어질 수 없었던 앙가라와 예니세이의 애절한 사랑 이야기가 가슴 아프게 다가왔다. 아름다운 풍경 속에 숨겨진 슬픈 전설은 이곳을 더욱 특별하게 만

들어 주는 듯했다. 노점상에서 풍겨 오는 훈제 오물 냄새를 맡으며, 나는 앙가라의 안타까운 사랑을 잠시나마 생각해 볼 수 있었다.

바이칼의 활기 넘치는 풍경 속으로

바이칼 호수를 찾는 수많은 여행객들의 발길이 끊이지 않는 리스트비얀카 마을은 활기 그 자체였다. 넓은 주차장은 늘 북적였고, 갓 훈제되어 김이 모락모락 피어오르는 바이칼 특산물 '오물' 생선 냄새가 온 마을에 퍼져 나갔다. 흑색과 보라색 빛깔의 돌이나 점토로 정교하게 만들어진 바이칼 물범 인형, 튼튼해 보이는 칼 등 다양한 기념품을 파는 노점상들은 저마다 흥정에 열을 올리고, 관광객들은 신기한 듯 발걸음을 멈춰 구경하기 바빴다.

*리스트비얀카의 명물인 훈제 오물(좌), 먹거리들을 파는 상점(우)

리스트비얀카의 명물인 훈제 '오물'은 꼭 맛봐야 할 별미 중 하나다. 자작나무로 훈제하여 은은하게 배어든 향긋한 나무 향과 담백한 맛은 한번 맛보면 잊을 수 없는 독특한 풍미를 자랑한다. 오물 한 마리 가격은 크기와 관광 시즌에 따라 다르지만, 보통 20루블(약 800원)에서

30루블(약 1,200원) 정도였다. 특히 여름철 성수기에는 주차장 전체가 '오물'을 훈제하는 연기로 자욱할 정도라고 하니, 그 인기를 실감할 수 있었다.

맑은 여름날, 배를 타고 푸른 산으로 둘러싸인 코발트빛 바이칼 호수를 바라보는 풍경은 그야말로 그림 같다. 하늘 높이 뭉게뭉게 피어오르는 흰 구름은 아름다움을 더했고, 이보다 더 아름다운 풍경이 있을까 하는 감탄사가 절로 나왔다. 하지만 바이칼은 변덕스러운 날씨로 유명하기에, 맑은 날씨 속에서 바이칼의 깨끗한 물과 푸른 하늘을 만끽했다면 정말 행운이라고 할 수 있다. 봄에는 종종 산불로 인해 연무가 자욱할 때가 많고, 여름에는 기후 변화가 심해 맑았다가도 갑자기 흐려지거나 강한 바람이 불기도 한다.

소비에트 시절에 리스트비얀카는 바이칼 지역 어업의 중요한 전진기지이자 해상 교통의 중심지 역할을 했다. 이곳에는 작은 조선소들이 아직 남아 어선과 작은 여객선들을 만들고 있다고 한다. 현재 이 지역 경제 활동의 대부분은 관광 산업에 의존하고 있으며, 마을 인구는 약 2,000명 정도다. 이곳에는 바이칼 호수 생태학 연구소와 박물관이 자

리하고 있으며, 바이칼 호수와 이 지역에서 서식하는 다양한 동식물에 대한 흥미로운 자료들을 전시하고 있다.

리스트비얀카 마을에서 오른쪽으로 조금 들어가면 독특한 개인 미술관인 바이칼 미술관을 만날 수 있다. 초라한 외관과는 달리, 내부에는 약 2,000여 점의 다양한 미술 작품들이 잘 정리되어 전시되어 있었다. 이 지역 곳곳에는 통나무로 지어진 아늑한 여관들이 있으며, 여관에 딸린 러시아 전통 사우나인 '반야'에서 특별한 경험을 해 볼 수도 있다.

흥미로운 점은 이르쿠츠크에서는 금요일에 결혼식을 올리는 풍습이 있는데, 결혼식이 끝나면 꺼지지 않는 불을 헌화하고 꼭 리스트비얀카를 찾는다고 한다. 이곳에서 기념 촬영을 하는 것이 결혼의 중요한 풍습 중 하나라고 하니, 바이칼이 그들에게 얼마나 특별한 의미를 지니는 곳인지 짐작할 수 있었다.

*러시아에서 만난 결혼식과 기념사진 촬영

리스트비얀카 마을에서의 즐거운 하루를 마무리하고, 우리는 내일 아침부터 시작될 시베리아 횡단 열차 여정 동안 먹을 식량을 준비하기 위해 이르쿠츠크로 돌아와 대형 슈퍼마켓에 들렀다. 얼마 전에 지어진 듯 깨끗하고 규모도 컸던 슈퍼마켓에는 다양한 종류의 식품들이 보기 좋게 진열되어 있어, 여행객인 우리의 식욕을 자극했다.

　넉넉하게 쇼핑을 마치고 나니 열차 시간까지는 아직 여유가 있었다. 우리는 이르쿠츠크 젊은이들의 활기 넘치는 아지트, '젊음의 거리'를 찾아 나섰다. 거리에는 형형색색의 옷차림을 한 젊은이들이 삼삼오오 모여 자유롭게 춤을 추며 축제를 즐기고 있었다. 그들의 밝고 활기찬 에너지 덕분에 우리도 덩달아 기분이 좋아졌다. 이르쿠츠크에서의 마지막 밤은 젊음의 열기로 뜨겁게 달아오르고 있었다.

*춤과 활기로 가득한 젊음의 거리

1. 시베리아의 푸른 진주, 바이칼 호수

여행 일정

▶ 이르쿠츠크 리스트비얀카 마을

▶ 젊음의 거리

숙소: Angkara Hotel

2. 여행객의 로망, 시베리아 횡단 열차

`6day`

유라시아 대륙을 가로지르는 꿈의 여정, 시베리아 횡단 열차

　드디어 광활한 유라시아 대륙을 가로지르는 꿈의 여정, 시베리아 횡단 열차에 몸을 실었다. 시베리아 횡단 열차는 러시아 최대의 교통수단으로, 장장 9,300km에 이르는 시베리아 벌판을 꿰뚫으며 달린다. 우리는 이르쿠츠크 역에서 출발하여 모스크바까지, 무려 3박 4일(86시

간) 동안 열차라는 특별한 공간으로 삶의 터전을 옮기는 듯한 여정을 시작한다.

장시간의 여행인 만큼, 4인실 침대칸인 '쿠페'를 이용했다. 가운데 복도와 작은 식탁을 중심으로 양쪽에 2층 침대가 놓인 아늑한 공간이다. 아시아와 유럽의 문화가 공존하는 극동 지역을 지나, 신비로운 바이칼 호수를 옆에 두고, 웅장한 우랄산맥을 넘어 러시아의 심장 모스크바까지 가는 동안, 수많은 사람들을 만나 그들의 순박한 미소와 삶의 이야기에 귀 기울일 예정이다.

러시아 동진 정책의 역사, 시베리아 초원로의 개척

시베리아 횡단 열차의 역사는 드넓은 시베리아 초원로의 개척에서 시작된다. 이는 15세기 말엽 모스크바 대공국을 중심으로 통일된 러시아 제국이 형성되면서 본격화된 러시아의 동진 정책의 중요한 결과물이다. 러시아는 미개발 지역이었던 시베리아로 눈을 돌려 적극적인 영토 확장에 나섰다.

*시베리아 횡단 열차 안(좌), 검표 및 승차(우)

　16세기 초중반, 러시아는 시베리아 진출의 길목에 있던 카잔 등 여러 칸국을 점령했고, 1582년에는 카자흐 출신의 모험가 예르마크를 대장으로 하는 탐험대를 동방으로 파견했다. 무력을 앞세운 탐험대는 오비강을 넘어 이르티시강 유역의 시비르 칸국을 공격하여 점령하고, 이 땅을 황제에게 헌납했다. 이때부터 우랄산맥 동쪽의 광활한 초원 지대를 통칭하여 '시베리아'라고 부르기 시작했으며, 시베리아 초원로의 장대한 서막이 열린 것이다.

　1587년, 러시아는 시비르 근처에 토볼스크시를 건설하며 동진을 멈추지 않았고, 1638년에는 마침내 태평양 연안에 도달했다. 여기서 멈추지 않고 남하를 계속하여 러시아와 중국 청나라의 국경 지대인 헤이룽강 일대까지 세력을 확장했다.

　우랄산맥 동쪽에서 시작하여 남러시아의 광활한 초원 지대를 지나, 일부 북방 침엽수림대를 뚫고 헤이룽강 일대까지 이어진 이 길이 바로 '시베리아 초원로'다. 서쪽 구간은 전통적인 초원로의 일부였지만, 동쪽 구간은 새롭게 개척된 길이었다. 러시아는 이 초원로를 통해 시베리아, 특히 동시베리아에서 풍부하게 생산되는 모피를 대량으로 수입했다. 그리하여 이 초원로는 '모피의 길'이라고 불리기도 했으며, 근대까지 활발하게 이용되었다.

유라시아 대륙의 혈맥, 시베리아 횡단철도

지난 100여 년 동안 이 시베리아 초원로의 대동맥 역할을 해 온 것은 바로 시베리아 횡단철도(TSR)다. 무려 25년(1891~1916) 동안 약

10억 루블이라는 막대한 자금을 투입하여 건설된 이 철도의 총길이는 블라디보스토크에서 모스크바까지 9,288km에 달하며, 이는 지구 둘레의 3분의 1에 해당하는 세계에서 가장 긴 철도다.

시속 80~90km의 속도로 이 거리를 주파하는 데만 꼬박 6박 7일(156시간)이 걸리며, 달리는 동안 시간대에 따라 지방시가 무려 일곱 번이나 바뀐다. 이 철도는 90여 개의 크고 작은 도시를 지나고, 16개의 강을 건너간다. 말을 타고 달리던 초원로를 열차를 타고 달리는 것은, 가히 '신(新) 실크로드'의 개념에 속한다고 할 수 있다.

숱한 어려움과 시행착오 끝에 개통된 이 시베리아 횡단철도는 '잠자는 미녀'와 같았던 시베리아를 깨우고, 유라시아 대륙의 소통과 교류에 엄청난 영향을 미쳤다. 철도의 주요 거점마다 도시가 형성되어 초원로의 원활한 운행을 뒷받침해 왔다. 역사적, 문화적으로 시베리아와 깊은 관계를 맺고 있는 한반도는 이러한 거점들을 통해 시베리아 초원로와 직간접적인 관계를 유지해 왔으며, 시베리아 초원로는 한반도와 유럽을 이어 주는 문명 교류의 중요한 가교 역할을 수행해 온 것이다.

이제 우리는 이 역사적인 철도에 몸을 싣고, 광활한 시베리아 대륙을 횡단하는 특별한 여정을 시작한다. 창밖으로 펼쳐질 낯선 풍경과, 열차 안에서 만나게 될 다양한 사람들의 이야기가 벌써부터 기대된다. 덜컹거리는 열차의 리듬에 맞춰, 우리의 시베리아 횡단 이야기는 지금부터 시작이다.

잠시 스쳐 가는 시베리아의 심장 크라스노야르스크

　우리가 몸을 실은 열차는 러시아의 심장, 모스크바를 향해 쉼 없이 달리고 있다. 열차 복도 칸 끝에는 '페치카'라는 온수기가 24시간 뜨거운 물을 끓이고 있다. 새벽 1시 48분, 어둠이 짙게 드리운 밤에 열차에 올라 간단히 짐 정리를 마치고 미리 준비해 간 컵라면으로 허기를 달랬다. 따뜻한 국물에 몸을 녹이며 잠이 들었는데, 눈을 떠 보니 열차는 어느덧 크라스노야르스크 역에 도착해 있었다.

*24시간 물이 끓는 페치카(좌), 크라스노야르스크 역(우)

　크라스노야르스크는 러시아의 대동맥이라 불리는 예니세이강 하류에 자리 잡은 시베리아의 중요한 중심 도시다. 모스크바보다 4시간 빠르고, 시베리아에서는 세 번째로 큰 도시라고 한다. 시베리아 횡단 열차가 지나가는 이 도시는 모스크바에서 무려 57시간, 약 4,100km나 떨어져 있다. 크라스노야르스크는 알루미늄 정련과 조선업이 발달했으며, 목재 가구용 장치, 텔레비전 장치, 목재 가공업, 펄프 제지업 등 다양한 산업이 활발한 도시이기도 하다.

이곳에서는 아쉽게도 단 22분만 정차했다. 짧은 시간이었지만, 우리는 서둘러 역사 밖으로 나가 역 광장의 분위기를 잠시나마 느껴 보았다. 낯선 도시의 공기를 마시고, 독특한 건축 양식의 역사를 둘러본 후, 서둘러 다시 열차에 올랐다. 열차가 출발하고 나면, 우리는 꼼짝없이 이 낯선 땅에 홀로 남겨진 국제 미아가 될 수밖에 없기 때문이다.

크라스노야르스크에서의 짧은 만남은 아쉬움을 남겼지만, 광활한 시베리아 대륙의 한 부분을 잠시나마 엿볼 수 있는 소중한 경험이었다. 다음 역에서는 또 어떤 새로운 풍경과 이야기가 우리를 기다리고 있을까? 덜컹거리는 열차의 리듬에 몸을 맡긴 채, 우리는 다시 모스크바를 향해 달려가고 있었다.

*크라스노야르스크 역 풍경

여행 일정

▶ 횡단 열차(이르쿠츠크 → 크라스노야르스크)

숙소: 횡단 열차(쿠페, 4인 1실)

7day

새로운 시베리아의 중심지 노보시비르스크

'새로운 시베리아의 도시'라는 뜻을 가진 노보시비르스크는 러시아에서 세 번째로 큰 도시이자 시베리아의 중심지답게 웅장한 규모를 자랑한다. 시베리아 연방관구(러시아 연방 정부가 편의를 위해 설정한 행정 구역)의 본부가 이곳에 자리하고 있으며, 약 138만 명의 인구가 살고 있는 활기찬 도시다. 모스크바보다 3시간 느리고, 한국보다는 3시간 빠른 이곳의 시차는 광활한 러시아 대륙을 횡단하고 있음을 실감하게 했다.

제2차 세계대전 때 무기와 군수 물자 생산의 핵심 기지로 급부상한 노보시비르스크는 이후 금속, 기계, 의약품, 화학 산업 등 소련 최고의 공업 지역으로 성장했다. 1958년 '아카뎀고로도크'라는 혁신적인 신도시 건설을 통해 첨단 과학 기술의 메카로 자리매김한 이곳은, 과거의 영광과 현재의 발전이 공존하고 있는 도시다.

러시아 경찰은 국제 강도

여행 중 때로는 예상치 못한 불쾌한 일을 만나기도 한다. 노보시비르스크에 도착했을 때, 우리 칸에 철도 경찰이 올라탔다는 이야기가 들렸다. 그래서 우리는 불안한 마음에 서둘러 잠자리에 들었다. 그런데 밤 9시 30분쯤 두 명의 경찰이 우리가 타고 있던 열차 칸에 들이닥쳐 자고 있던 우리를 모두 깨웠다. 단단한 체격의 전투복 차림을 한 키 작은 경찰과 옅은 하늘색 상의를 입은 키 큰 경찰. 그들은 등장부터 심상치 않은 분위기가 감돌게 했다.

우리가 탄 호실 안으로 들어오면서부터 탁자 위에 놓인 캔맥주를 트집 잡더니, 이내 물병을 문제 삼았다. 물병 안에는 전날 마시다 남은 보드카가 조금 남아 있었기 때문이다. 이것이 빌미가 되어 상황은 걷잡을 수 없이 악화되었다. 아마도 그들은 우리가 열차 안에서 보드카를 마셨을 것이라는 짐작으로 처음부터 우리를 표적으로 삼은 듯했다. 처음에는 여권을 요구하더니 나와 가이드를 밖으로 나오라고 했다. 잠시 후, 우리는 그들이 머무는 열차 칸으로 끌려갔다. 그곳은 더 이상 경찰서가 아닌, 노골적인 강도 소굴이나 다름이 없었다. 처음부터 우리를 '타깃'으로 정하고 잠든 우리를 깨웠을 거라고 어렴풋이 짐작은 했지만, 대놓고 돈을 요구할 줄은 상상도 못 했다. 그들은 단순히 얼마의 돈을 달라고 하는 대신, 끊임없이 야비한 행동으로 우리를 괴롭혔다.

몸에 지닌 모든 소지품을 꺼내 놓으라고 강요하더니, 갑자기 가이드에게 한국어로 1부터 5까지를 알려 달라고 했다. 가이드는 어이없어하면서도 시키는 대로 숫자를 반복해서 알려 주었다. 그러자 그들은 미리 준비한 듯한 업무 보고서를 꺼내 '조서'라는 것을 쓰겠다며 협박하고, 심지어 여권을 창밖으로 던지는 시늉까지 했다. 가이드는 필사적으로 그들의 행동을 말렸지만, 그들은 계속해서 위협적인 태도를 유지했다.

한참 동안의 실랑이 끝에, 그들은 뜬금없이 한국의 인구는 얼마나 되는지, 북한과는 사이가 좋은지 등 전혀 상관없는 질문들을 늘어놓기 시작했다. 그러더니 또다시 한국어로 1부터 10까지를 알려 달라고 했다. 가이드는 황당했지만, 또다시 그들에게 숫자 강의를 해야 했다. 이런 어처구니없는 상황이 한 시간 반가량 이어졌고, 결국 우리 두 명은 각각 러시아 돈 5,000루블(한화 약 10만 원)씩을 강탈당하고 나서야 그 지옥 같은 공간에서 벗어날 수 있었다.

어느 나라든 치안 유지를 목적으로 경찰이 존재하지만, 오늘 우리가 겪은 그들의 야비한 횡포는 도저히 이해할 수 없었다. 지금까지 러시아에 대해 가졌던 좋은 인상은, 그 두 명의 부패한 경찰 때문에 한순간에 추악한 후진국의 이미지로 바뀌어 버렸다. 그들은 러시아의 시민을 보호하는 경찰이 아니라, 힘없는 여행객이나 민간인을 상대로 강도질을 일삼는 국제 강도와 다를 바 없었다.

억울하고 분한 마음을 추스르며 잠을 청하려 했지만, 쉽사리 잠이 오지 않았다. 설상가상으로 차창 밖에는 세찬 비바람이 몰아치고, 열차는 심하게 흔들렸다. 길고도 괴로운 시간이었다.

+ 아들은 많이 놀랐는지 그날 밤 가이드와 선물로 가져가려고 했던 보드카를 두 병이나 마셨다고 한다.

여행 일정

▶ 횡단 열차(크라스노야르스크 →노보시비리스크)
숙소: 횡단 열차(쿠페, 4인 1실)

8day

변화무쌍한 시베리아의 품, 예카테린부르크

새벽 2시 45분, 차가운 공기가 감도는 예카테린부르크 역에 도착했다. 많은 사람들이 예카테리나 대제의 이름을 딴 것으로 오해하기도 하는데, 도시의 이름은 러시아의 여제이자 표트르 대제의 부인이었던 예카테리나 1세에서 따왔다고 한다.

출발 전에는 6박 7일, 혹은 4박 5일이라는 긴 시간 동안 덜컹거리는 열차 안에서 보내는 여정은 어쩌면 지루할 수도 있겠다는 생각을 했다. 하지만 막상 시베리아 횡단 열차에 몸을 싣고 달리다 보니 그런 걱정은 모두 기우에 불과했다.

창밖으로 끝없이 펼쳐지는 하얀 자작나무 숲과 광활한 평원, 간헐적으로 나타나는 낯선 풍경의 도시와 소박한 농촌 마을, 그리고 저마다 독특한 분위기를 풍기는 기차역들은 지루할 틈을 주지 않았다. 때로는 깊은 숲속에 홀로 고립된 듯한 몽환적인 기분에 젖기도 하고, 또 어떤 순간에는 평생 처음 보는 이국적인 마을을 탐험하는 듯한 설렘을 느끼기도 한다.

어떤 날은 아침 햇살이 눈부시게 쏟아져 화창한 하루를 예감하게 하고, 또 다른 날은 차창을 두드리는 빗방울 소리가 묘한 운치를 더한다. 거센 비바람에 열차가 흔들리는 밤에는 마치 배를 타고 망망대해를 항해하는 듯한 기분이 들기도 하고, 소리 없이 미끄러지듯 달리는 새벽녘

에는 아침 산책을 나선 듯 평온한 기분에 휩싸이기도 한다.

넓은 평원에 노란 유채꽃이 물결치는 황홀한 광경이 펼쳐지는가 하면, 인적조차 느껴지지 않는 깊은 숲 속에 옹기종기 모여 앉아 따스한 사람 냄새를 풍기는 작은 마을들을 발견하기도 한다.

끝없이 펼쳐진 비옥한 땅들이 그저 버려져 있는 듯한 모습은 안타까움을 자아내기도 하지만, 집 근처 작은 텃밭에 채소와 먹거리를 심어 소박한 삶을 살아가는 사람들의 마을을 볼 때면 우리 동네 주말농장 같은 정겨움과 함께 욕심 없이 살아가는 그들의 모습에 잔잔한 감동을 받기도 한다. 우리 동네였다면 벌써 꽤나 고추가 붉게 익어 갈 시기인데, 그저 놀고 있는 넓은 땅들을 보고 있자니 묘한 부러움이 느껴지기도 했다. 끝없이 이어지는 자작나무 숲과 평원을 바라보며 이 광활한 러시아 땅의 크기를 가늠조차 할 수 없어 놀라울 따름이다.

낯선 풍경 속의 이방인

시베리아 횡단 열차를 타는 동안 우리가 경험하는 또 다른 특별한 풍경은 우리 모두가 이곳에서는 이방인이 된다는 사실이다. 객실 문을 열고 복도로 발을 내딛는 순간 우리와는 생김새가 확연히 다른 러시아 사람들이 가득하다. 몸집이 우리보다 두 배는 족히 넘어 보이는 푸근한 아주머니가 복도를 가득 채우며 지나가는 모습과 모델처럼 아름다운 아가씨의 날씬하고 예쁜 모습, 젊은이들의 얼굴에서 듬성듬성 혹은 덥수룩하게 자란 턱수염이나 콧수염을 마주할 때, 그들이 우리와는 다른 문화와 삶의 방식을 가진 사람들이라는 것을 실감하게 된다.

우리는 이번 여행에서도 많은 사람들을 만났다. 러시아의 국제 강도였던 못된 경찰들, 시베리아 횡단 열차 안에서의 친절하고 예쁜 승무원, 바이칼 호수 근처에서 일을 해서 번 돈을 가지고 즐거운 마음으로 가족의 품으로 돌아가던 체첸 사람 기로바 등 여러 에피소드를 남긴 사람들을 만났다. 이렇게 볼 때 여행이란 각양각색의 사람들이 모여서 하나의 이야기를 만들어 가는 과정인 것 같다.

열차가 달리는 내내 창밖으로 끝없이 이어지는 전봇대와 전깃줄 또한 횡단 열차 여행의 익숙한 풍경 중 하나다. 마치 거대한 거미줄처럼 뻗어 있는 전력망은 이 넓은 땅 곳곳에 에너지를 공급하는 중요한 역할을 하고 있음을 짐작하게 한다.

우리가 머무는 객실은 양쪽으로 두 개씩, 총 네 개의 침대가 놓여 있고, 객실 중앙에는 작은 탁자가 하나 놓여 있다. 아래쪽 침대 밑과 위쪽 선반에는 짐을 보관할 수 있는 넉넉한 공간이 마련되어 있고, 침대 옆에는 작은 그물망 선반이 있어 개인 물품을 올려놓기에 편리하다. 출입문에는 거울이 달려 있고, 창문은 아쉽게도 고정되어 열 수는 없다. 열차 안에서 우리는 각자의 방식으로 시간을 보낸다. 창밖의 풍경에 넋을 놓거나, 가져온 책을 읽거나, 혹은 깊은 생각에 잠기기도 한다. 만약

1등석이었다면, 넓고 조용한 공간에서 글을 쓰기에도 더없이 좋은 환경이었을 것이다.

　기찻길 주변으로 하늘을 향해 쭉쭉 뻗은 소나무와 하얀 자작나무의 모습은 마치 이곳 젊은 아가씨들의 날씬한 몸매를 연상시킨다. 하얀 피부의 자작나무와 붉은 수피의 소나무가 번갈아 가며 펼쳐 내는 풍경은 그 자체로 한 폭의 아름다운 그림이다.
　열차가 높은 지대로 올라갈 때면, 자작나무와 소나무 숲으로 예쁘게 둘러싸인 아름다운 마을을 만나기도 하고, 거대한 강이 유유히 도시를 휘감아 흐르는 장관을 마주하기도 한다. 끝없이 펼쳐진 늪지대의 황량한 풍경에 잠시 멈칫하기도 하고, 강과 늪이 조화롭게 어우러져 빚어내는 천연의 아름다움에 감탄하기도 한다.
　낡고 허름한 마을을 지나치는가 하면, 마치 동화 속에 나오는 듯 예쁘게 단장한 부유한 마을을 만나기도 한다. 이처럼 시베리아 횡단 열차 여행은 단조로울 틈 없이 끊임없이 변화하는 다채로운 풍경들을 선물한다.

　열차가 역에 머무는 시간은 예측불허다. 어떤 역에서는 단 1분, 또 다른 역에서는 무려 72분이나 멈춰 서기도 한다. 10분 이상 정차하는 역에서는 승객들이 잠시 내려 역 주변을 둘러보거나, 매점에서 간단한 먹을거리를 사기도 한다. 20분 이상 정차하는 역에서는 역사 앞 광장까지 나가 자유로운 시간을 보낼 수도 있다. 짧은 시간이지만, 낯선 러시아의 기차역 풍경을 잠시나마 느껴 볼 수 있는 소중한 순간들이다.
　예카테린부르크에서의 짧은 만남을 뒤로하고, 우리는 다시 덜컹거리는 열차에 몸을 실었다.

그림 같은 러시아의 풍경 속으로

끝없이 펼쳐지는 시베리아의 대자연 속을 달리는 횡단 열차 안. 창밖으로 스쳐 지나가는 풍경은 마치 여러 폭의 그림을 전시해 놓은 것 같다. 특히 오늘, 내 눈길을 사로잡은 것은 수채화같이 아름다운 마을 풍경이다. 뒤로는 푸르고 예쁜 산이, 앞으로는 유유히 흐르는 강이 자리한, 전형적인 배산임수 지형에 옹기종기 모여 앉은 집들을 품은 평화로운 마을이었다. 이런 아름다운 환경 속에서 삶을 이어 가는 사람들의 모습은 왠지 모를 경외감마저 들게 한다. 자연과 조화롭게 살아가는 삶이란 어떤 모습일까? 잠시나마 그들의 삶 속으로 상상력을 펼쳐 보았다.

*횡단 열차 안에서 바라본 차창 밖 풍경

러시아 문자의 재미있는 탄생 설화

러시아 문자에는 재미있는 일화가 담겨 있다. 러시아 언어는 배우기 어렵다는 말을 많이 듣는다. 여러 이유가 있겠지만, 러시아의 문자가 영어 알파벳과 비슷하면서도 다른 모습들이 많기 때문이다. 'Я'처럼 영어 알파벳을 거꾸로 놓은 경우가 있는가 하면, 'Ю'처럼 우리말 어를 뒤집어 놓은 것 같은 알파벳도 있다. 막연하게 왜 그럴까? 하는 의문과 함께 재미있게 바라보고 있다가 흥미로운 문자 탄생 설화가 있다는 것을 알게 되었다.

러시아의 표트르 1세는 러시아에 고유한 문자가 없음을 안타깝게 생각해서 영국에 문자를 빌리러 갔다고 한다. 영국 왕은 알파벳을 봉투에 담아 건네며 "절대 흔들어서는 안 된다."라고 신신당부했다. 그런데 그 봉투를 들고 술을 마시게 된 표트르 1세는 그만 봉투를 여기저기 떨어뜨리며 이리저리 흩어진 문자를 주워 담는 실수를 저질렀다. 러시아로 돌아와 봉투를 열어 보니 알파벳은 뒤죽박죽 섞여 있었다. 체면 때문에 다시 영국에 문자에 대해서 물어볼 수도 없었던 황제는 그냥 백성들에게 문자가 섞인 채로 사용하도록 했다는 웃지 못할 이야기다. 물론 믿거나 말거나 재미 삼아 들어 볼 만한 이야기였다.

활기 넘치는 페르미 역 풍경

열차는 제법 규모가 커 보이는 도시 페르미 역에 서서히 멈춰 섰다. 창밖으로 알록달록 예쁘게 치장한 아파트와 건물들이 눈에 들어왔다. 역에 도착하자, 기다렸다는 듯 많은 사람들이 열차에서 내렸다. 마침 다른 열차 두 대도 동시에 도착하여 플랫폼은 순식간에 사람들로 북적였다. 러시아에 와서 처음으로 마주하는 많은 사람들의 행렬 속에서 묘한 활기가 느껴졌다. 각자의 목적지를 향해 바쁘게 움직이는 그들의 모습은 낯선 풍경이지만 어딘가 모르게 정겨움을 간직하고 있었다.

체첸에서 온 순수한 청년 아빠 기로바

옆자리에 앉아 있던 스물다섯 살의 체첸 청년 기로바와의 만남은 긴 여정 속에서 잊지 못할 추억 중 하나였다. 그는 벌써 1남 2녀의 어엿한 아버지였다. 1년 전, 그는 사랑하는 아내와 세 아이의 생계를 위해 머나먼 바이칼 호수 근처의 산으로 벌목 작업을 떠났다고 했다. 스무 살에 결혼하여 연이어 태어난 아이들을 생각하면 힘든 일도 마다할 수 없었다고 한다. 그렇게 1년 동안 고생하며 번 돈은 고작 120만 원 정도라고 했다. 고향 체첸까지는 꼬박 4박 5일이 걸리는 먼 길이지만, 그는 그동안 땀 흘려 번 돈을 들고 가족들을 만나러 가는 길이라며 설레는 표정을 감추지 못했다. 젊은 나이에도 불구하고 가족을 향한 그의 깊은 사랑과 순수한 마음은 어젯밤 우리에게 냉혹한 강도짓을 했던 철도 경찰들과는 너무나 대조적이었다. 그의 맑고 바른 눈빛을 보며, 세상에는 여전히 따뜻하고 순수한 사람들이 많다는 것을 다시 한번 느낄 수 있었다.

*페르미 역에서 아들과 함께(위), 체첸 청년 기로바와 함께(아래)

　시베리아 횡단 열차 안에서 만난 다양한 사람들과 풍경들, 창밖으로 펼쳐지는 아름다운 자연과 그 속에서 살아가는 사람들의 이야기, 그리고 예상치 못한 만남들은 단순한 이동 시간을 넘어 삶의 다채로운 단면을 엿볼 수 있는 소중한 경험으로 다가왔다.

여행 일정

▶ 횡단 열차(노보시비리스크 → 예카테린부르크 → 모스크바)

숙소: 횡단 열차(쿠페, 4인 1실)

러시아 III
Москва
모스크바

러시아의 심장 모스크바엔
예쁘고 아름다운 형형색색의 건물과
가 보고 싶은 황홀한 곳들이 많다.
이곳의 매력에 빠져 보자.

3. 러시아의 심장, 모스크바

`9day`

낭만과 활력이 넘실대는 모스크바

*시베리아 횡단 열차 종착역 모스크바 역에서

길고 길었던 3박 4일간의 횡단 열차 여행이 드디어 끝을 맺었다. 드디어 러시아의 심장 모스크바에 도착했다. 오전 11시, 낯선 듯 익숙한 '모스크바(Москва)'라는 글자가 새겨진 간판이 눈에 들어오는 순간,

왠지 모를 설렘과 안도감이 온몸을 감쌌다. 수많은 인파로 북적이는 기차역 풍경은 여느 대도시와 다를 바 없었지만, 러시아 특유의 활기찬 에너지가 넘쳐 나고 있었다.

열차에서 내리자마자 서둘러 침구류를 반납하고, 마치 숙제 검사를 받는 학생처럼 조심스럽게 열차표를 돌려받았다. 러시아에서는 거주지 등록제 때문에 이 작은 서류는 반드시 가지고 다녀야 한다고 한다. 그래서 이 열차표는 잃어버리지 않도록 가방 깊숙이 챙겨 넣었다.

*시베리아 횡단 열차의 종착지 모스크바 역(좌상·하),
모스크바 역에서 만난 북한 주민들(우하)

역 밖으로 나오니 여기서도 택시 기사들의 호객 행위가 시작되었다. 8명이 움직여야 하기 때문에 택시 한 대로는 애초에 불가능했지만, 다행히 덩치 큰 봉고 택시가 나타나 우리를 호텔까지 편안하게 데려다주었다. 15분 정도 달려 도착한 호텔은 웅장한 올림픽 경기장 근처에 자리 잡고 있었다. 수도답게 쭉 뻗은 12차선 도로를 가득 메운 자동차들의 행렬은 다른 나라의 번화한 모습과 크게 다르지 않았다.

*2박 3일 머무를 Matreshka Hotel(좌), 올림픽 경기장(우)

드디어 횡단 열차에서 보냈던 고된 여정을 보상받을 시간이 왔다. 호텔 방에 짐을 풀고 따뜻한 물로 샤워를 했다. 오랫동안 빨지 못했던 옷에서 흘러나오는 검은 물줄기를 보니, 그동안 얼마나 험난한 길을 달려왔는지 새삼 실감이 났다. 샤워를 하고 뽀송뽀송한 옷으로 갈아입으니 비로소 여행의 피로가 조금씩 풀리는 듯했다.

오후 2시, 모스크바 시내를 제대로 느껴 보기 위해 지하철역으로 향했다. 호텔에서 15분 정도 걸으니 바로 지하철역 입구가 나타났다. 역 근처 식당에서 간단하게 요기를 하고, 지하철 1회권(50루블, 한화 1,000원 정도)을 구입하여 본격적으로 시내 투어를 시작했다. 러시아 지하철은 그 자체로 예술 작품이라고 하는데, 과연 어떤 모습일지 기대가 되었다.

처음으로 간 곳은 모스크바 시내를 한눈에 담을 수 있는 '참새 언덕'이었다. 지하철역에서 내려 푸르른 오솔길을 따라 20분 정도 걸어 올라가니, 눈앞에 그림처럼 펼쳐진 모스크바의 전경이 나타났다. 맑고 시원한 바람이 불어왔고, 등 뒤에 우뚝 솟은 모스크바 대학의 웅장한 모습은 감탄을 자아냈다. 탁 트인 풍경을 바라보며 잠시나마 횡단 열차에서의 답답했던 마음을 깨끗하게 씻어 낼 수 있었다.

*숙소 앞 백화점(좌상), 모스크바 대학(우상), 참새 언덕에서 내려다본 모스크바(좌·우하)

젊음과 예술의 거리 아르바트 거리

다음으로 간 곳은 젊음과 예술의 열기가 가득한 '아르바트 거리'였다. 좁은 보행자 도로 양옆으로 아기자기한 기념품 가게와 개성 넘치는 노천카페들이 즐비했고, 거리 곳곳에서는 다채로운 공연이 펼쳐지고 있었다. 열정적으로 기타를 연주하는 젊은이, 구성진 멜로디를 뽑아내며 악기를 연주하는 할머니, 진지한 표정으로 연기 연습에 몰두하는 청년

들, 아름다운 그림을 전시해 놓고 파는 아가씨, 현란한 비보잉을 선보이는 사람들, 그리고 테이블에 앉아 맥주를 즐기는 여유로운 사람들까지… 아르바트 거리는 그야말로 살아 있는 에너지로 가득했다.

우리는 러시아의 전설적인 로커 빅토르 최의 벽화 앞에서 기념사진을 찍고, 러시아의 대표적인 작가 불라트 오쿠자바 동상 옆에 잠시 앉아 그의 음악을 떠올려 보았다. 웅장한 외무성 건물과 푸시킨 부부의 낭만적인 동상, 그리고 그들이 실제로 살았던 집까지, 아르바트 거리는 단순한 관광지를 넘어 러시아의 역사와 문화를 고스란히 느낄 수 있는 매력적인 공간이었다. 활기찬 거리 분위기에 취해 시간 가는 줄 모르고 이곳저곳을 구경하다 보니 어느덧 해가 뉘엿뉘엿 지고 있었다. 모스크바에서의 첫날 밤은 이렇게 낭만과 활력으로 가득 채워졌다.

*푸시킨 부부의 동상(좌), 푸시킨 부부가 살았던 집(우)

*아르바트 거리 풍경

여행 일정

▶ 모스크바 시내 투어(참새 언덕, 모스크바 대학, 아르바트 거리)

숙소: Matreshka Hotel

10day

붉은 광장의 벅찬 감동 속으로

새벽 5시, 모스크바의 아침은 상쾌함 그 자체였다. 맑고 깨끗한 공기와 한없이 푸른 하늘은 너무도 기분을 좋게 했다. 해가 떠올랐음에도 어둠이 완전히 가시지 않은 새벽 풍경은 구름의 변화 외에는 하루 종일 맑은 하늘이 이어진다는 이곳의 날씨를 짐작하게 했다. 이른 시간임에도 거리에는 인적은 드물었지만, 백야 덕분에 대낮처럼 밝은 풍경이 신기했다.

호텔을 나서 올림픽 경기장 방향으로 천천히 걸었다. 새벽 공기를 가르며 모습을 드러내는 오페라 극장, 깔끔하게 정돈된 사원, 그리고 웅장한 오지므트 호텔 등이 상쾌한 아침 공기와 함께 온몸으로 스며드는 기분이었다. 한 시간 반 정도의 여유로운 산책을 마치고 호텔로 돌아와 맛있는 아침 식사를 했다.

아침 9시, 호텔 근처의 도스토옙스카야 역에서 지하철 1회권을 구입했다. 2010년에 개통된 이 역은 모스크바의 181번째 역으로, 플랫폼 벽면 곳곳에 러시아의 위대한 작가 도스토옙스키의 작품 속 명장면들이 생생하게 그려져 있었다. 《죄와 벌》, 《카라마조프가의 형제들》 등 그의 대표작들을 그림으로 만나는 특별한 경험이었다. 놀랍게도 이곳은 도스토옙스키가 태어나 어린 시절을 보낸 곳이라고 하니, 그의 문학적 감수성이 이 거리의 공기 속에서 자라났을지도 모른다는 상상을 해보았다. 역 입구에 있는 도스토옙스키의 초상화는 깊은 인상을 남겼다.

*도스토옙스카야 역 도스도옙스키 초상(위), 도스토옙스카야 역 풍경(아래)

　지하철을 타고 설레는 마음으로 붉은 광장을 향했다. 1호선 아호뜨느이 럇 역에서 내리니, 활기찬 분위기가 느껴졌다. 이곳은 1호선, 2호선, 3호선이 모두 지나는 환승역이지만, 신기하게도 각 노선마다 역 이름이 달랐다. 빨간색 1호선 라인의 아호뜨느이 럇 역은 출구가 여러 곳 있었는데, 쇼핑몰과 연결된 곳을 제외하고는 모두 지상으로 이어졌다.

*붉은 광장 앞 아호뜨느이 럇 역(좌), 역 광장(우)

　지상으로 올라서자, 눈앞에 하얀 지붕과 붉은 벽돌의 조화가 인상적인 국립역사박물관이 웅장한 자태를 드러냈다. 박물관 앞에는 용맹한 기상의 주코프 장군 동상이 위풍당당하게 서 있었다. 그리고 박물관 왼쪽에는 붉은 광장으로 이어지는 부활의 문이 고풍스러운 아름다움을 뽐내고 있었다.

*국립역사박물관

*카잔 성당

　붉은 광장은 크렘린과 더불어 러시아를 상징하는 가장 중요한 장소이다. 부활의 문을 통과하여 광장 안으로 들어서는 순간, 눈앞에 펼쳐진 웅장하고 아름다운 풍경에 숨을 멎을 뻔했다. 멀리 보이는 화려한 성 바실리 대성당의 독특한 건축 양식, 광장 왼쪽을 압도하는 거대한 굼 백화점 건물, 그리고 오른쪽으로 굳건하게 뻗어 있는 크렘린 궁의 붉은 성벽과 그 안에 자리한 레닌 묘까지 모든 것이 완벽한 조화를 이루며 감탄을 자아냈다.

　'붉은 광장'이라는 이름 때문에 공산주의의 붉은색으로 가득 찬 광장을 상상하기 쉽지만, 사실 러시아어 '크라스나야(красная)'는 과거에 '붉은'이라는 뜻과 함께 '아름다운'이라는 의미도 가지고 있었다고 한다. 현재는 '붉은'이라는 형용사로만 사용되지만, 그 이름처럼 붉은 광장은 실로 아름다운 곳이었다. 아름다운 만큼 광장 안은 많은 사람들로 북적이며 그 인기를 실감하게 했다.

3. 러시아의 심장, 모스크바

*주코프 장군 동상(좌), 부활의 문(중), 성 바실리 대성당(우)

광장 왼쪽으로는 붉은 벽돌의 웅장한 건축물들이 늘어서 있었고, 오른쪽으로는 크렘린 성벽이 굳건하게 자리하고 있었다. 광장 한쪽에는 아담하고 아름다운 카잔 성당이 소박한 아름다움을 뽐내고 있었고, 웅장한 굼 백화점은 화려한 외관만큼이나 내부도 볼거리가 가득해 보였다. 붉은 광장의 중심에는 굳건하게 자리 잡은 레닌 묘가 묘한 분위기를 자아냈다. 그리고 마침내 눈앞에 펼쳐진 형형색색의 돔을 가진 성 바실리 대성당은 그 독특하고 아름다운 모습으로 오랫동안 시선을 사로잡았다. 마치 동화 속에 나오는 성처럼, 각기 다른 모양과 색깔의 돔들이 푸른 하늘 아래 더욱 빛나고 있었다.

*붉은 광장의 중심에 서서 한 컷

 붉은 광장에 서 있는 것만으로도 러시아의 역사와 문화, 그리고 아름다움을 동시에 느낄 수 있었다. 러시아의 심장 크렘린은 또 어떤 감동으로 이어질까? 생각하며 설레는 마음으로 붉은 광장을 천천히 걸어 나갔다.

*부활의 문에서 바라볼 때 붉은 광장 왼쪽 굼 백화점

*부활의 문에서 바라볼 때 붉은 광장 오른쪽 크렘린 성벽과 레닌 묘

붉은 광장의 웅장함을 넘어, 크렘린 광장으로

 붉은 광장의 아름다움을 뒤로하고 발걸음을 옮겨 크렘린으로 향했다. 무명용사의 묘를 지나니 붉은 별이 빛나는 웅장한 크렘린 입구가 눈에 들어왔다. 러시아의 심장부로 들어가는 길목이라 그런지, 입장권을 구입하려는 사람들로 긴 줄이 늘어서 있었다. 30분을 기다린 끝에 드디어 입장권을 손에 넣을 수 있었다. 큰 가방은 보관소에 맡기고, 꼼꼼한 소지품 검사를 거쳐 드디어 크렘린 안으로 발을 들였다.

*러시아의 심장, 크렘린

　크렘린 안으로 들어서자 붉은 광장에서 느꼈던 웅장함과는 또 다른 압도적인 분위기가 느껴졌다. 드넓은 크렘린 광장을 둘러싼 화려하고 장엄한 건축물들이 시야를 가득 채웠다. 마치 시간 여행을 떠나 러시아 제국의 한가운데에 와 있는 듯한 기분이었다.

　가장 먼저 눈에 띈 것은 황금빛 돔이 인상적인 크렘린 대회궁전이었다. 과거 황제들의 거처이자 국빈을 맞이하던 곳으로, 그 웅장한 규모와 화려한 장식은 보는 이들을 압도했다. 푸른 하늘 아래 빛나는 황금 돔은 러시아의 찬란했던 역사를 상징하는 듯했다.

*블라고베셴스크 성당(좌), 크렘린 대회궁전(우)

그 옆으로 섬세하고 아름다운 블라고베셴스크 성당이 자리하고 있었다. 황실의 개인 예배당으로 사용되었던 이곳은, 내부의 성화와 섬세한 건축 양식이 깊은 인상을 남겼다. 조용하고 경건한 분위기 속에서 잠시나마 마음의 평화를 느낄 수 있었다.

붉은 벽돌로 견고하게 지어진 크렘린 궁은 그 자체로 러시아 역사의 살아 있는 증거였다. 오랜 세월 동안 수많은 역사적 사건들을 묵묵히 지켜봐 온 크렘린 궁의 위엄은 쉽게 형용할 수 없을 정도였다.

크렘린의 상징이라고 할 수 있는 스파스카야 망루의 붉은 별은 멀리서도 빛났다. 정시가 되면 울려 퍼지는 종소리는 크렘린 광장에 웅장한 울림을 선사했다. 마치 시간을 알리는 신호이자, 역사의 흐름을 알려 주는 듯했다.

황금빛 돔들의 조화가 아름다운 우스펜스키 사원은 러시아 정교회의 중요한 중심지였다. 역대 황제들의 대관식이 거행되었던 이곳 내부의 화려한 성화와 장식들은 한참 동안 내 발걸음을 멈추게 했다.

*크렘린의 상징 스파스카야 망루

또 하늘을 향해 높이 솟아오른 이반 대제의 종루는 그 거대한 규모에 놀라움을 금치 못하게 한다. 한때 모스크바에서 가장 높은 건축물이었다고 하니, 그 위용은 감히 짐작할 만하다. 종루 아래 놓인 황제의 대포는 엄청난 크기를 자랑했지만, 한 번도 발사된 적이 없다는 사실이 아이러니했다. 그 옆에 놓인 황제의 종 또한 깨어진 채로 전시되어 있었는데, 그 거대한 크기와 안타까운 사연이 깊은 인상을 남겼다.

마지막으로 둘러본 총주교 궁전과 12사도 교회는 소박하면서도 아름다운 건축 양식을 보여 주었다. 과거 총주교의 거처였던 이곳은, 러시아 정교회의 역사와 문화를 엿볼 수 있는 소중한 공간이었다.

*황제의 대포

*황제의 종(좌), 총주교 궁전과 12사도 교회(우)

크렘린 투어를 마치고 부활의 문을 통해 밖으로 나오자, 갑자기 소나기가 쏟아지기 시작했다. 때마침 주변에 펼쳐진 레스토랑 중 한 곳에 들어가 점심 식사를 해결하기로 했다. 100그램당 100루블 하는 다양한 음식들과 시원한 맥주 한 캔(200루블)을 챙겨 자리에 앉으니, 신기하게도 비가 그치기 시작했다.

러시아 역사의 심장이자, 웅장한 아름다움을 간직한 크렘린 광장. 붉은 광장과는 또 다른 깊이와 매력을 느낄 수 있는 곳이었다. 다음에는 크렘린 내부의 박물관들을 좀 더 자세히 둘러보고 싶다는 생각을 하며, 발걸음을 옮겼다.

붉은 광장의 심장, 그리고 영웅 미닌과 포자르스키

붉은 광장과 크렘린, 이곳은 단순한 광장과 요새가 아니었다. 러시아 역사의 시작이자 몽골의 압제에서 벗어나 나라를 세워 올릴 때 심장이 되어 뛰었던 곳이었다. 수많은 외침과 화마 속에서도 꿋꿋이 다시 일어서 발걸음을 내디뎠던 러시아의 영혼 그 자체였다. 붉은 광장과 크렘린을 걷는 매 순간이 그래서 벅찬 감동으로 다가왔다.

그중에서도 가장 깊은 울림을 주었던 순간은 붉은 광장 입구, 화려한 성 바실리 대성당을 등지고 서 있는 두 사람의 동상 앞에 섰을 때였다. 온몸에 소름이 돋고, 나도 모르게 눈시울이 뜨거워졌다.

특이하게도 동상은 두 사람이 함께였다. 한 사람은 굳건히 서서 오른손을 하늘로 힘껏 뻗었고, 다른 한 사람은 앉아 왼손으로 방패를 짚고 있었다. 그들의 나머지 손은 하나의 칼자루를 굳게 부여잡고 있었다. 엄숙하고, 어쩌면 경건하며, 또 한편으로는 슬픔마저 느껴지는 듯한 표정은 쉬이 설명하기 어려웠다.

*미닌과 포자르스키 동상

　드넓은 붉은 광장에, 심지어 크렘린 안까지 통틀어 이들 동상만이 우뚝 서 있다는 사실은 더 놀라웠다. 러시아의 심장을 장식한 유일한 동상의 주인공, 그들의 이름은 쿠즈마 미닌과 드미트리 포자르스키였다. "그들은 누구인가?"라는 물음에 러시아인들은 한마디로 답할 것이다. "그들은 진정한 애국자일 뿐입니다."

　성 바실리 대성당을 배경으로 당당하게 서 있는 미닌과 포자르스키 동상. 붉은 광장과 크렘린을 통틀어 유일한 동상이라는 사실만으로도 이 두 사람이 러시아 역사에 얼마나 큰 영향을 미쳤는지 짐작할 수 있었다.

어느 나라든 힘든 시기는 있다. 러시아에서는 17세기 초, 동란 시대가 바로 그러했다. 1605년 봄, 차르 보리스 고두노프의 갑작스러운 죽음으로 시작된 이 혼란의 시대는 러시아를 무질서와 전쟁, 살육과 약탈의 소용돌이 속으로 밀어 넣었다.

쿠즈마 미닌과 드미트리 포자르스키는 바로 이 암흑의 시대를 종식시키고, 새로운 로마노프 왕조를 여는 데 결정적인 역할을 한 영웅들이었다. 보리스 고두노프를 증오하고 두려워했던 보야르(귀족)들은 쿠데타를 일으켜 그의 일족과 추종자들을 무참히 살해했다. 심지어 이미 죽은 드미트리 왕자의 이름을 사칭하며 폴란드 군대를 이끌고 모스크바까지 쳐들어온 가짜 드미트리가 보야르들의 지지를 얻어 차르로 즉위하는 어처구니없는 상황까지 벌어졌다.

하지만 가짜 드미트리는 보야르들의 꼭두각시에 불과했다. 그들은 얼마 지나지 않아 자신들끼리 권력 다툼을 벌였고, 1년 만에 다시 쿠데타를 일으켜 가짜 드미트리 정권을 무너뜨렸다. 불과 얼마 전까지 "이반 4세의 아들이자 러시아의 정통 지배자"라고 떠받들었던 가짜 드미트리를 "참칭자"라며 간단히 살해해 버린 것이다.

사회가 극도로 불안정해지자, 온갖 사기꾼들이 고개를 쳐들었다. 살해당한 '가짜 드미트리'를 사칭하는 자는 물론, 존재조차 하지 않았던 차르 표도르(이반 4세의 아들이자 보리스 고두노프 직전의 황제)의 아들이라 자칭하는 자까지 등장했다. 그중 가장 악명 높았던 사기꾼은 '보르(도적)'라는 별명으로 불린 가짜 드미트리 사칭자였다. 그의 지휘 아래 도적 떼는 모스크바 근교 투시노에 거점을 마련했고, 이들을 막기 위해 스웨덴에 원군을 요청하자 폴란드가 격분하여 러시아로 침입하면서 러시아는 스웨덴과 폴란드의 각축장으로 전락하고 백성들의 고통은 날마다 깊어져 갔다.

*성 바실리 대성당(Храм Василия Блаженного)

희망은 보이지 않고 사방이 절망뿐인 시대. 백성들은 "우리를 구원해 줄 지도자는 어디에 있는가?"라고 외쳤지만, 왕족과 귀족, 고위 성직자 그 누구에게서도 구원자를 찾을 수 없었다. 그들은 모두 자신의 이익만을 탐하는 무력한 존재들이었다.

바로 그 절망의 시대에, 자신의 모든 것을 버리고 오직 조국을 구하겠다는 일념으로 떨쳐 일어선 두 사람이 바로 붉은 광장에 우뚝 선 미닌과 포자르스키다. 미닌은 평범한 상인이었지만, 성실함과 정직함으로 주변의 깊은 존경을 받으며 도시의 세금 업무를 감독하는 역할까지 맡았던 인물이다.

　1611년 가을, 러시아는 끝없이 추락하고 있었다. 국민군은 내분으로 해체되었고, 폴란드와 스웨덴은 러시아 영토를 마치 약탈 경쟁이라도 하듯 점령해 갔다. 더 이상 수수방관할 수 없었다. "이제는 나라도 조국을 위해 작은 힘이라도 보태야 할 때다."라고 모두가 조국을 걱정했지만 어떻게 해야 할지 몰라 망설이던 그때 미닌은 가장 먼저 나서며 구체적인 방향을 제시하고 행동으로 옮겼다. 비록 일개 상인이었지만, 그는 그 누구보다 전쟁의 본질, 즉 군자금과 병참 문제가 가장 중요하다는 것을 알고 있었다. 미닌과 뜻을 같이하는 몇몇 지사들은 사재를 털었고, 대부분의 시민들이 재산의 3분의 1을 기부하며 구국 운동에 동참했다.

3. 러시아의 심장, 모스크바　109

자금이 마련되자, 미닌은 곧바로 군대의 총사령관을 물색했다. 그의 선택은 제1차 국민군에 참여했던 드미트리 포자르스키였다. 포자르스키는 비록 낮은 가문 출신이었지만, 뛰어난 능력을 인정받는 장군이었다. 탐욕에 눈이 멀어 이리저리 배신을 일삼던 다른 보야르들이나 장군들과는 달리, 그는 합법적인 권위에 복종하고 불법적인 권력에는 맞선다는 확고한 원칙을 지켰다. 이러한 그의 올곧은 성품은 병사들과 백성들의 깊은 신뢰를 얻고 있었다.

미닌과 포자르스키는 힘을 합쳐 스웨덴과 폴란드 군대를 격파했고, 1612년 10월 26일, 마침내 크렘린에 남아 있던 최후의 폴란드 군대를 무너뜨리고 당당하게 크렘린에 입성했다. 권력을 장악했지만, 그들은 권력에 눈이 멀지 않았다. 곧바로 새로운 차르를 선출하기 위한 젬스키 소보르(일종의 의회)를 소집했고, 16세의 어린 미하일 로마노프를 새로운 차르로 추대하며 길었던 동란 시대에 마침표를 찍었다.

미닌과 포자르스키, 그들은 특권을 누리는 계층 출신이 아니었음에도 불구하고, 조국과 민족을 위해 헌신했다. 외세를 물리치고 나라에 평화가 찾아왔을 때, 그들은 모든 것을 내려놓고 자신의 자리로 돌아갔다. 영원히 존경받는 것은 권력도, 부도, 높은 지위도 아닌, 오직 조국을 사랑하는 뜨거운 마음이라는 것을 그들은 행동으로 증명해 보인 것이다.

당시 러시아의 지도자들은 조국을 위해 용감하게 일어선 백성들에게 감사의 마음을 전하고, 앞으로도 외세의 침입에 맞서 자발적으로 싸워주기를 바라는 마음에서 이 숭고한 동상을 붉은 광장에 세웠을 것이다.

원래 붉은 광장 한가운데에 자리 잡았던 이 동상은, 후에 레닌의 거대한 무덤이 붉은 광장의 중심부를 차지하게 되면서 지금의 성 바실리 대성당 앞자리로 옮겨졌다고 한다. 붉은 광장을 방문하는 모든 이들에게 굳건한 의지와 애국심을 상징하는 존재로 영원히 기억될 것이다.

문호의 숨결을 따라 톨스토이의 집으로

*톨스토이의 집과 박물관

다음으로 간 곳은 러시아 문학의 거장 레프 톨스토이의 삶의 흔적이 남아 있는 톨스토이의 집이었다. 지하철 5호선 파르크 쿨투리(Park Kultury) 역에서 내려 길을 따라 걷다 보니, 저 멀리 옛날 집이 보였다. 안내에 따라 우측으로 400m쯤 걸어가니 아담한 교회가 나타났고, 그 교회를 지나 다시 우회전하여 400m를 더 걸어가니 드디어 황토색 담벼락이 눈에 들어왔다. 그 담벼락 중간에 자리 잡은 곳이 바로 톨스토이가 오랜 세월 가족과 함께했던 그의 집이다.

*스몰렌스크 성당

  황토색 울타리의 길이를 보는 순간, 톨스토이의 저택이 얼마나 컸을지 짐작할 수 있었다. 단순한 집이라기보다는 넓은 정원을 품은 대저택이었다. 안으로 들어서니, 푸른 녹음이 우거진 넓은 공원이 먼저 눈에 들어왔다. 오랜 세월 그 자리를 지켜온 듯한 고목들이 웅장한 자태를 뽐내고 있었다. 마치 비밀의 숲에 들어온 듯 조용하고 평화로운 분위기가 감돌았다.

  목조로 지어진 톨스토이의 저택은 현재 박물관으로 운영되고 있다. 16개의 방으로 이루어진 박물관 내부를 둘러보며, 그의 작업실, 서재, 거실, 심지어 주방까지, 톨스토이의 일상적인 삶의 공간들을 엿볼 수 있었다. 책상 위에 놓인 낡은 펜과 원고지, 소박한 가구들은 그의 검소하고 진솔했던 삶의 모습을 그대로 보여 주는 듯했다. 바로 이 공간에서 불멸의 명작 《부활》이 탄생했다고 하니, 감회가 새로웠다.

박물관 한쪽에서는 1909년 톨스토이가 세상을 떠나기 전 마지막으로 이 저택을 방문한 후 마차를 타고 기차역으로 떠나는 흑백 영상을 볼 수 있었다. 그를 보기 위해 저택 앞에 몰려든 수많은 시민들의 모습은 당시 톨스토이의 엄청난 인기를 실감하게 했다. 러시아 국민들에게 그는 단순한 문호 이상의 존재였으리라.

1921년 국립 박물관으로 지정된 이곳은 톨스토이의 삶과 작품 세계를 이해하는 데 더없이 소중한 공간이다. 그의 손때 묻은 물건들과 가족들의 사진들을 보면서, 위대한 작가이기 이전에 한 명의 아버지이자 남편이었던 인간적인 톨스토이의 모습을 느낄 수 있었다. 특히 넓은 정원을 거닐며, 그가 이곳에서 산책하며 어떤 영감을 떠올렸을지 상상해 보는 것은 특별한 경험이었다.

톨스토이의 집 정문 앞에서, 그리고 박물관 앞에서 기념사진을 찍으며 그의 삶의 흔적을 오래도록 기억하고 싶었다. 노란 벽돌로 지어진 박물관 건물은 소박하면서도 굳건한 느낌을 주었다. 매표소에서 표를 끊고 안으로 들어서는 순간, 시간 여행을 떠나는 듯한 기분에 휩싸였다.

모스크바에서 만난 또 다른 매력적인 공간, 톨스토이의 집. 그의 작품을 감명 깊게 읽었다면, 그의 삶의 공간을 직접 방문하여 그 감동을 더욱 깊게 느껴 보는 것을 추천한다. 푸른 정원을 거닐며 잠시나마 문학의 향기에 취해 보는 것은 잊지 못할 추억이 될 것이다.

모스크바 강가에 숨겨진 아름다움, 노보데비치 수도원

톨스토이의 집을 뒤로하고 모스크바 강가를 따라 남쪽으로 발걸음을 옮겼다. 울창한 숲 속에 그림처럼 자리 잡은 노보데비치 수도원으로 향했다. 모스크바 여행에서 절대 빼놓을 수 없는 곳이라는 말에 잔뜩 기대감을 안고 간 곳이다.

*노보데비치 수도원(위), 기도하는 소녀상(아래)

수도원에 가까워질수록, 하얀 석벽과 뾰족한 탑들이 숲 사이로 모습을 드러냈다. 마치 동화 속 성처럼 굳건하고 아름다운 자태에 저절로 감탄사가 나왔다. 12개의 탑이 둘러싼 석벽 안쪽은 어떤 모습일까? 입구 반대편에는 역사 속 인물들이 잠들어 있는 공동묘지가 있다는 사실이 묘한 긴장감을 주었다.

수도원 안으로 들어서자, 17세기 모스크바 바로크 건축 양식의 화려하고 섬세한 아름다움이 눈앞에 펼쳐졌다. 섬세한 조각과 장식들은 오랜 세월의 흔적에도 불구하고 놀라울 정도로 잘 보존되어 있었다. '이런 이유로 2004년 유네스코 세계문화유산으로 등재될 수 있었겠구나.'라는 생각이 절로 들었다.

황금빛 돔이 인상적인 스몰렌스크 성당은 그 웅장함과 섬세한 벽화로 시선을 압도했다. 경건한 분위기 속에서 잠시나마 세상의 번잡함을 잊고 기도에 집중하는 사람들의 모습이 인상적이었다. 수도원 곳곳에는 기도하는 소녀상, 우뚝 솟은 벨 타워, 소박하면서도 아름다운 예배당들이 자리하고 있었다. 하얀 석벽과 붉은색 탑의 조화는 푸른 하늘 아래 더욱 빛났다.

수도원 입구 중앙에는 네오 러시아 양식의 아담한 건물이 눈에 띄었다. 1911년에서 1917년 사이에 지어진 이 건물에는 19세기 기업가 프로호로프와 그의 가족의 유골이 안치되어 있다. 화려함 속에서도 소박함을 잃지 않은 러시아 건축의 매력을 느낄 수 있었다.

노보데비치 수도원은 단순한 종교 시설 이상의 의미를 지닌 곳이다. 외세의 침략이 있을 때마다 크렘린을 지키는 요새 역할을 톡톡히 해냈다고 한다. 1524년, 모스크바 대공 바실리 3세가 폴란드로부터 스몰렌스크를 탈환한 것을 기념하여 세워졌으며, 특히 황실 가족과 귀족 여성들을 위한 수도원으로 유명했다. 러시아 역사 속 비극적인 인물인 표트르 1세의 이복누이 소피아 공주가 권력 투쟁의 소용돌이 속에서 이곳에 유폐되기도 했다는 이야기는 흥미진진하면서도 씁쓸한 여운을 남겼다.

러시아 혁명 후 한때 폐쇄되어 박물관으로 사용되기도 했던 이곳 내부는 성상화를 비롯한 귀한 정교회 예술품들로 가득하다. 아쉽게도 내부 관람 시간은 맞지 않아 발길을 돌려야 했지만, 밖에서 바라보는 수도원의 아름다움만으로도 충분히 감동적이었다.

*차이콥스키가 영감을 받아 불멸의 명작 〈백조의 호수〉를 탄생시켰다는 호수

특히 해 질 녘 수도원 옆 호수 건너편에서 바라보는 풍경이 절경이라고 한다. 아쉽게도 아직 해가 지려면 시간이 남았지만, 잔잔한 호수에

비친 수도원의 모습은 그 자체로 한 폭의 그림 이었다. 차이콥스키가 이 호수에서 영감을 받아 불멸의 명작 〈백조의 호수〉를 탄생시켰다는 이야기가 전해지는 것도 전혀 놀랍지 않았다. 호숫가를 따라 천천히 산책하며, 백조 대신 오리들이 한가롭게 헤엄치는 풍경을 바라보는 것도 꽤나 낭만적인 경험이었다.

웅장함과 아름다움, 그리고 러시아의 역사와 문화까지 고스란히 담고 있는 노보데비치 수도원. 모스크바를 방문한다면 꼭 한번 들러 그 매력에 흠뻑 빠져 보길 추천한다.

여행 일정

▶ 모스크바 시내 투어(부활의 문, 붉은 광장, 크렘린, 굼 백화점, 성 바실리 대성당)

숙소: Matreshka Hotel

11day

모스크바 지하 궁전으로 시간 여행

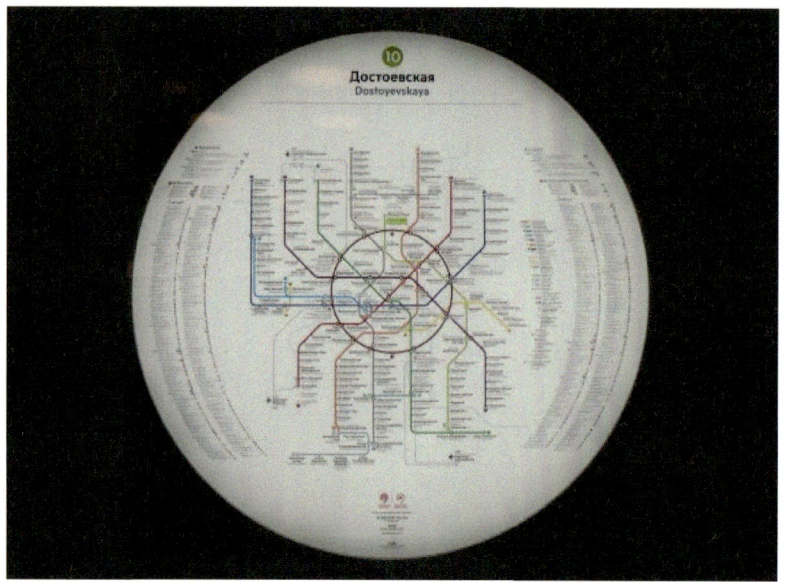

*모스크바 메트로 노선도

 오늘은 모스크바의 숨겨진 보석, '지하 궁전'이라 불리는 메트로를 여행하는 날이다. 아침부터 심상치 않게 쏟아지던 빗줄기에 잠시 망설였지만, 10시가 되니 거짓말처럼 하늘이 활짝 개었다. 모스크바 날씨는 참 변화무쌍하다. 마치 변덕 심한 예술가처럼 맑고 푸르다가도 갑자기 먹구름을 드리우며 소나기를 뿌리곤 하니 말이다. 이미 체크아웃을 하고 짐까지 맡긴 터라, 우산 없이 로비에서 잠시 기다렸는데 보람이 있었다.

 오늘 투어는 숙소 근처 도스토옙스카야 역에서 시작했다. 1회권 전

철표를 구입하고 지하로 내려서니 평범한 지하철역과는 사뭇 다른 분위기가 느껴졌다.

도스토옙스카야(Dostoyevskaya) 역

2001년에 문을 연 이 역은 모스크바 메트로의 181번째 역이라고 한다. 플랫폼 벽면을 가득 채운 것은 바로 러시아의 위대한 작가, 도스토옙스키의 작품 속 장면들이었다. 마치 갤러리에 들어선 듯 〈죄와 벌〉, 〈카라마조프가의 형제들〉의 인상적인 순간들이 생생하게 묘사되어 있어, 다음 열차를 기다리는 시간마저 예술 감상 시간으로 만들어 주었다. 숙소 근처에 도스토옙스키가 어린 시절을 보낸 집이 있다고 하는데 그의 숨결이 이 주변 곳곳에 스며 있는 듯했다.

*카라마조프가의 형제들(좌), 죄와 벌(우)

콤소몰스카야(Komsomolskaya) 역

1935년에 개통된 1호선과 1952년에 개통된 5호선이 만나는 중요한 환승역이다. 특히 상트페테르부르크로 떠나는 레닌그라츠키 역과 연결되어 있어 늘 활기가 넘치는 곳이다. 5호선 플랫폼에 들어서는 순간, 높은 천장과 그 위를 장식한 8개의 화려한 모자이크 장식에 입이 떡 벌어졌다. 마치 지하 궁전의 웅장한 홀에 들어선 기분이었다.

마야콥스카야(Mayakovskaya) 역

 1938년 10월에 문을 연 이 역은 혁명 시인 마야콥스키를 기념하여 이름이 붙여졌다고 한다. 놀랍게도 1939년 뉴욕 박람회에서 그랑프리를 수상할 정도로 아름다운 역이다. 아치형 천장과 은은한 조명이 어우러져 세련된 분위기를 자아냈다. 제2차 세계대전 중에는 방공호로도 사용되었다니, 아름다움 속에 숨겨진 역사의 무게도 느낄 수 있었다.

키옙스카야(Kievskaya) 역

 모스크바 메트로에서 드물게 3호선, 4호선, 5호선의 이름이 모두 같은 아름다운 역이다. 특히 5호선 플랫폼 벽면에 장식된 모자이크 벽화는 나의 시선을 완전히 사로잡았다. 우크라이나의 풍경과 사람들의 활기찬 모습이 생생하게 담겨 있어서 마치 한 편의 서사시를 보는 듯한 감동을 받았다.

플로샤티 레볼류치(Ploshchad Revolyutsii) 역

다음으로 도착한 역은 플로샤티 레볼류치 역이다. 이름에서 부터 강렬함이 느껴지는 '혁명 광장' 역이다. 1938년에 개통된 이 역은 플랫폼 곳곳에 삶의 다양한 모습을 담은 청동 조각상들이 가득했다. 그 중에서도 단연 눈에 띄는 것은 총을 든 군인 옆에 앉아 있는 개였는데, 신기하게도 개의 코 부분이 하얗게 반짝거렸다. 알고 보니 이 개는 '행운의 개'로 코를 만지면 행운이 찾아온다는 현지인들의 믿음 때문이라고 한다. 나도 아들과 함께 모스크바 여행에 행운이 가득하길 빌며 조심스럽게 개의 코를 쓰다듬어

보았다. 다음은 모스크바 메트로 중 가장 깊다는 파르크 포베디(Park Pobedy) 역으로 갔다.

파르크 포베디(Park Pobedy) 역

무려 84m 깊이에 자리한 이 역은 2003년 5월에 개통되었다. 에스컬레이터를 타고 한참을 내려갔는데, 마치 지하 세계로 빨려 들어가는 기분이었다. 양쪽 끝 벽면에 그려진 거대한 벽화는 그 깊이만큼이나 웅장하고 아름다웠다. 마지막으로 둘러본 엘렉트로자보츠카야 역은 아쉽게도 사진 자료가 없어 눈에만 담았다.

지하 궁전 투어를 마치고 다시 도스토옙스카야 역으로 돌아오니, 어느덧 배꼽시계가 요란하게 울렸다. 역을 나와 근처 간이식당에서 간단하게 요기를 하며 오늘의 특별했던 메트로 여행을 되새김질했다.

*도스토옙스카야 역 주변 간이식당에서 먹은 점심

여행 일정

▶ 모스크바(지하 궁전)

▶ 모스크바 → 리투아니아 수도 빌뉴스

숙소: Panorama Hotel

리투아니아
Lietuvos Respublika

빌뉴스의 '새벽의 문'에서 시작된 리투아니아 여행은
황홀함과 긴장감을 선사한다.
가는 곳 모두가 아름답기 그지없다.

4. 관광객의 미소, 리투아니아

`12day`

빌뉴스(Vilnius)에서의 첫 발자국, 새벽의 문을 열고

오늘은 라트비아로 간다. 모스크바 셰레메티예보 공항을 출발한 비행기는 정확히 1시간 30분 후, 새벽 0시 30분에 빌뉴스 공항에 조용히 착륙했다. 깊은 밤이라 대중교통은 끊기고, 택시만이 텅 빈 공항을 지키고 있었다. 이곳에서도 모스크바에서처럼 택시 요금 흥정은 필수다. 택시 기사와 차량 한 대에 15유로로 흥정을 끝내고, 30분 후 아늑한 파노라마 호텔에 도착했다.

*파노라마 호텔(좌), 빌뉴스 버스터미널(우)

늦은 밤 호텔 방에 들어서자 피로가 몰려왔다. 컵라면 하나를 끓여 위스키 한 잔을 곁들이니, 스르륵 잠이 쏟아졌다.

잠자리에 일어나 호텔에서 내려다본 구시가지 새벽 풍경은 고요하고 신비로웠다. 어둠 속에 잠긴 붉은 지붕들과 희미하게 빛나는 가로등 불빛이 묘한 분위기를 자아냈다.

아침 9시, 식당으로 내려가니 북적이는 사람들로 발 디딜 틈이 없었다. 알고 보니 하나투어 단체 여행객이 몰려온 것이었다. 겨우 틈새를 비집고 아침 식사를 해결한 후 빌뉴스 구시가지 투어에 나섰다.

*호텔에서 내려다본 빌뉴스 구시가지 새벽 풍경

호텔에서 얻은 지도 한 장을 들고 구시가지로 향하는 길을 더듬더듬 찾아 걷던 중, 마침내 새벽의 문과 마주했다. 바로 이곳부터 시청 광장을 지나가는 나의 빌뉴스 워킹 투어가 시작된 셈이다.

새벽의 문(Aušros Vartai)은 파노라마

　새벽의 문은 호텔 근처 빌뉴스 버스터미널에서 도보로 5분 거리에 위치해 있었다. 구시가지의 시작을 알리는 웅장한 문이다. 16세기 르네상스 양식으로 지어진 이 건물은 초기에는 도시를 굳건히 지키는 요새의 일부였다고 한다. 우리나라의 경복궁 사대문처럼, 외부에서 시가지로 들어오기 위한 중요한 성문 역할을 했던 곳이다.

*새벽의 문(좌), 은으로 장식된 성모 마리아상(우)

　흥미로운 사실은 1671년에 이곳에 성모 마리아상을 모셔 왔다는데, 이 성상은 기적을 행하는 성화로 널리 알려져 리투아니아의 중요한 성지로 여겨지고 있다는 것이다. 새벽의 문 앞부분에는 리투아니아 전통 문양이 섬세하게 새겨져 있었고, 문을 통과해 뒤쪽 2층 건물 안으로 들어가니 은으로 화려하게 장식된 아름다운 성모 마리아상이 눈에 들어왔다. 그 벽을 뒤로하고 오른쪽으로 돌아가니, 성모 마리아상이 있는 곳으로 들어가는 작은 입구가 마련되어 있었다.

　현지인들이 경건한 표정으로 이곳을 찾아 기도하는 모습이 돋보였다. 왠지 모르게 숙연해지는 분위기다. 전해지는 이야기에 따르면, 이 성상의 실제 모델은 리투아니아 역사상 가장 아름다운 여인으로 손꼽히는 바르보라 라드빌라이테라는 이야기도 있으니 더욱 흥미롭다.

　새벽의 문 옆에는 '삼위일체 성당'과 '바질리안 대문'이 자리하고 있다. 구시가지 안에 있는 이 수도원은 1347년에 목조로 지어진 오래된 러시아 정교회다. 1748년 화재로 소실된 후 같은 자리에 다시 지어졌으며, 특히 로코코 양식이 아름답기로 유명하다.
　또한 역사와 신앙, 그리고 아름다움이 공존하는 특별한 장소였다. 이곳에서 빌뉴스의 구시가지 여행을 시작했다.

*삼위일체 성당(좌)과 바질리안 대문(우)

4. 관광객의 미소, 리투아니아　131

빌뉴스 구시가지의 매력 속으로

새벽의 문을 지나 활기 넘치는 구시가지의 심장, 시청 광장으로 발걸음을 옮겼다. 드넓은 광장은 러시아 정교회, 로마 가톨릭 성당 등 다양한 종교 건축물과 박물관, 그리고 여러 나라의 대사관들이 어우러져 생동감이 넘쳤다. 광장 주변에는 야외 카페들이 즐비하게 늘어서서 저마다의 분위기를 뽐내고 있었고, 알록달록한 기념품 가게들은 구경하는 재미를 더했다.

웅장한 구시청사 건물은 광장의 중심을 굳건히 지키고 있었고, 그 뒤편으로는 독특한 구조물이 눈에 띄었다. 나중에 알고 보니, 바로 그곳에 우리가 저녁 식사를 했던 반가운 이름의 한국 음식점 '맛'이 자리하고 있었다.

*구시청사 건물(좌), 구시청사 뒤 구조물(우)

*구시청사 앞 광장(위), 프란치스쿠스와 베르나르디나스 성당(아래)

시청 광장의 활기찬 분위기를 뒤로하고, 필리에스 거리에서 동쪽으로 뻗은 미콜로스 거리를 따라 걸음을 옮겼다. 좁은 길 끝에 강렬한 붉은색 고딕 양식의 성 안나 교회가 모습을 드러냈다. 뾰족하게 솟은 첨탑과 섬세한 벽돌 장식은 정말 아름다웠다. 빌뉴스에서 외부가 가장 아름다운 교회라는 명성이 과연 헛되지 않았다. 나폴레옹이 이 교회를 보고 감탄하며 손바닥에 얹어 파리로 가져가고 싶어 했다는 전설이 있

4. 관광객의 미소, 리투아니아 133

을 정도라니, 그 아름다움이 얼마나 대단했을지 상상조차 하기 어렵다. 15세기 말에 지어진 이 교회는 화재로 인해 여러 번 보수되었지만, 다행히 대부분 원래 모습 그대로 보존되어 있다고 하니 더욱 놀라웠다.

성 안나 교회 바로 옆에는 고풍스러운 프란치스쿠스와 베르나르디나스 성당이 자리하고 있다. 두 개의 아름다운 교회가 나란히 서 있는 모습은 묘한 조화와 아름다움을 선사한다.

다음으로 간 곳은 구시가지 광장에서 불과 3분 거리에 위치한 빌뉴스 대학교였다. 1568년에 설립된 이 유서 깊은 대학교는 유럽 최고의 대학 중 하나라고 하니, 그 역사와 전통에 대한 기대감이 컸다. 리투아니아-폴란드 연합국 시절, 폴란드 제수이트 선교사들이 세운 신학교에서 시작하여 1579년 정식 대학으로 승격되었다. 이후 폴란드, 리투아니아, 벨라루스 등 주변 국가들의 문화와 학문 발전에 큰 영향을 미쳤다고 하니, 그 역사적 의미가 남다르다.

*빌뉴스 대학교

*성 안나 교회

리투아니아 최고의 명문 대학인 동시에 아름다운 관광 명소이기도 한 빌뉴스 대학교는 건물 자체가 유네스코 세계문화유산으로 등재되어 있을 정도니, 그 아름다움은 두말할 나위가 없다. 아쉽게도 학생이 아니라 입구에서 입장료를 내야 했지만, 오랜 역사와 아름다운 건축물을 직접 눈으로 확인할 수 있다는 사실만으로도 충분히 가치 있는 경험이었다. 캠퍼스 곳곳을 둘러보며 학구적인 분위기를 느껴 보니, 마치 과거로 돌아가 학생들이 공부하는 모습을 엿보는 듯한 기분이 들었다.

빌뉴스 구시가지의 활기찬 시청 광장에서부터 아름다운 성 안나 교회, 그리고 유서 깊은 빌뉴스 대학교까지. 하루 종일 걸으며 둘러본 빌뉴스는 다채로운 매력으로 가득한 도시였다. 오랜 역사와 아름다운 건축물, 그리고 활기찬 분위기가 어우러진 빌뉴스에서의 시간은 정말 소중한 추억으로 남을 것 같다.

낯선 도시 빌뉴스에서 만난 따뜻한 인사

리투아니아의 전통이 고스란히 느껴지는 빌뉴스 구시가지는 오랜 역사를 품고 있음에도 불구하고 아늑하고 정갈해서 기분이 무척 좋았다. 좁은 골목길을 따라 걷다 보면 마치 시간 여행을 떠나온 듯한 기분이 든다. 세 시간 넘게 구석구석을 누볐는데도 신기하게 피곤함보다는 도시의 매력에 푹 빠져 발걸음이 가벼웠다.

구시가지를 지나 아름다운 네리스강 쪽으로 향하다 보니, 언덕 위에 우뚝 솟은 게디미나스 성이 눈에 들어왔다. 붉은 벽돌로 지어진 성은 푸른 하늘과 어우러져 한 폭의 그림 같았다. 숨을 헐떡이며 성으로 올라가는데, 어디선가 "안녕하세요." 하고 인사를 건네는 소리가 들린다. 프랑스로 유학 왔다는 친절한 아주머니가 프랑스 친구분과 함께 2박 3일 리투아니아 여행을 왔다며 건네는 인사다. 낯선 타지에서 한국인을 만나니 무척 반가웠고, 함께 귤도 나눠 먹고 이야기도 나누는 정겨운 시간을 보냈다. 성으로 올라가는 길은 맑은 바람 덕분에 상쾌하기 그지없었다. 그리고 저 멀리 언덕 위에 굳건히 서 있는 세 개의 십자가가 매우 인상적이었다.

*게디미나스 성탑(위), 세 개의 십자가(아래)

 언덕 위에 자리한 게디미나스 성탑에 올라서니, 빌뉴스 시내가 한눈에 파노라마처럼 펼쳐졌다. 붉은 지붕들이 옹기종기 모여 있는 구시가지와 유유히 흐르는 네리스강, 그리고 푸른 녹음이 어우러진 풍경은 정말이지 아름다웠다. 왜 이곳이 리투아니아의 심장이라고 불리는지 고개가 끄덕여졌다.
 성에서 내려와 발길이 닿은 곳은 대통령 궁이다. 하얀 외벽과 웅장한 모습에서 리투아니아의 역사와 권위가 느껴졌다. 대통령 궁 앞을 지나 네리스강을 따라 걷다 보니, 강가에 우아하게 서 있는 여신상이 눈에 띄었다. 잔잔한 강물에 비친 여신상의 모습은 평화롭고 아름다웠다.

*대통령 궁(좌), 네리스강에 우아하게 서 있는 여신상(우)

신기한 풍경은 여기서 끝이 아니다. 아름다운 성당 안으로 잠시 들어가 보았는데, 마침 결혼식이 진행 중이었다. 하얀 웨딩드레스를 입은 신부와 턱시도를 멋지게 차려입은 신랑의 행복한 모습은 보는 이들까지 미소 짓게 했다. 낯선 나라에서 우연히 마주한 결혼식 풍경은 더욱 특별하고 따뜻한 기억으로 남았다.

*아름다운 빌뉴스에서의 결혼식

빌뉴스 구시가지의 아늑함과 게디미나스 성에서 바라본 탁 트인 풍경, 그리고 길을 걷다 우연히 만난 사람들의 따뜻함까지. 빌뉴스는 나에게 잊지 못할 아름다운 추억을 선물해 준 도시가 되었다.

*길에서 만난 빌뉴스 고등학교 학생들(좌), 소풍 나온 빌뉴스 초등학교 학생들(우)

여행 일정

▶ 새벽의 문

▶ 빌뉴스 구시가지

▶ 우즈피스 마을

숙소: Panorama Hotel

13day

리투아니아의 숨겨진 보석 트라카이

　아침부터 하늘이 심상치 않더니 촉촉한 이슬비가 내리기 시작했다. 하지만 이런 날씨쯤이야, 리투아니아의 숨겨진 보석, 트라카이를 향한 우리의 설렘을 막을 순 없었다. 빌뉴스 기차역에서 10시 30분 기차에 몸을 실었다. '트라카이를 보지 않고는 리투아니아를 논하지 말라'는 말이 있을 정도니, 과연 어떤 풍경이 우리를 기다릴지 두근거리는 마음을 감출 수 없었다.

　빌뉴스에서 28km 떨어진 트라카이는 빌뉴스 이전 리투아니아의 수도였다고 한다. 수많은 호수와 푸른 숲, 그 한가운데 붉은 성곽이 그림처럼 펼쳐진다는 상상만으로도 가슴이 벅차올랐다. 빌뉴스에서 트라카이로 가는 방법은 간단하다. 파노라마 호텔 근처 버스터미널에서 수시로 버스가 출발하고, 우리처럼 기차를 이용하면 트라카이 역에서 내리면 된다. 요금도 버스는 1.8유로, 기차는 1.7유로로 부담 없었고, 30분 정도면 도착하는 가까운 거리였다.

*트라카이로 가는 길

*호수에 떠있는 트라카이 성

　기차역에서 내려 바닥에 그려진 화살표를 따라 20분 정도 걸으니, 빌뉴스에서는 볼 수 없었던 작고 아담한 나무 집들이 옹기종기 모여 동화 속 마을 같은 분위기를 자아냈다. 이 독특한 풍경은 리투아니아 대공화국 시절, 왕족들을 호위하던 타타르인들이 이곳에 정착하면서 만들어진 것이라고 하니, 역사의 흔적이 고스란히 느껴지는 듯했다.

　그 길을 따라 걷다 보니 드디어 눈앞에 펼쳐진 트라카이 호수, 그리고 호수 위에 붉은 벽돌로 지어진 성의 모습은 정말이지⋯ 말로 표현할 수 없을 정도로 아름다웠다. 마치 그림엽서 속으로 걸어 들어온 기분이랄까? 빌뉴스에서 느꼈던 웅장함과는 또 다른, 아늑하고 신비로운 아름다움이 있었다.

빗속의 성 트라카이

*트라카이 성안 풍경

호수는 지하수에서 솟아나 맑은 날에는 바닥까지 보일 정도로 투명하다고 하는데, 아쉽게도 우리가 찾은 날은 흐린 날씨 탓에 그 모습을 볼 수는 없었다. 하지만 잔잔한 호수 위에 떠 있는 성의 모습만으로도 충분히 매혹적이었다. 14세기에 건설된 이 성은 여러 전쟁을 겪으며 파손되었지만, 1955년 대대적인 보수 공사를 거쳐 지금의 웅장한 모습을 되찾았다고 한다.

성안으로 들어가기 위해서는 호수 위로 길게 놓인 나무다리를 건너야 했다. 입장권(6유로)을 구입하고 성안으로 들어서니, 중세 시대의 모습을 그대로 간직한 다양한 유물들이 전시되어 있었다. 갑옷과 무기, 다양한 생활용품들을 보면서 그 시대 사람들의 삶을 상상해 보는 것도 꽤 흥미로운 경험이었다.

*트라카이 성 입구(좌), 트라카이 성 내부(우)

4. 관광객의 미소, 리투아니아

점심시간이 되었지만, 아쉽게도 가랑비는 그칠 줄 모르고 계속 내렸다. 그래서 호수 근처의 아늑한 레스토랑에 들어가 따뜻한 식사를 하며 잠시 비를 피했다. 식사를 마치고 천천히 역 쪽으로 걸어 내려오니, 거짓말처럼 하늘이 조금씩 개기 시작했다. 역시 여행에는 뜻밖의 행운도 따르는가 보다.

오후 2시 27분, 트라카이 역에 도착했지만 빌뉴스행 기차는 이미 떠나 버린 후였다. 아쉬운 마음을 뒤로하고, 지나가는 길에 보았던 오후 3시 45분 버스를 타고 숙소로 돌아왔다. 트라카이에서 빌뉴스로 향하는 버스는 한 시간에 한 대씩 있으니, 기차 시간을 놓치더라도 걱정할 필요는 없다.

숙소에 돌아와 잠시 휴식을 취한 후, 저녁 식사를 위해 시청 바로 뒤에 있는 한국 식당 '맛'을 찾았다. 타지에서 만나는 한국식당은 언제나 설레는 곳이다. 김치찌개, 육개장, 떡볶이, 심지어 삼겹살까지 다양한 한국 요리들이 준비되어 있었다. 우리는 싱싱한 상추와 함께 삼겹살까지, 그리고 시원한 식혜까지 주문해서 오랜만에 제대로 된 한국 음식을 맛있게 먹을 수 있었다. 특히 쌈된장은 한국에서 먹던 맛과 거의 똑같

앉고, 싱싱한 상추, 그리고 여섯 가지의 푸짐한 반찬과 함께 나온 밥과 국까지, 완벽하진 않았지만 정말 만족스러운 저녁 식사였다. 역시 한국인은 밥심이란 말이 어울리는 시간이었다.

*한국 음식점 '맛'에서의 한국 음식(좌), 한국 음식점 '맛' 명함(우)

트라카이의 아름다운 풍경과 맛있는 한식으로 하루를 마무리하니, 피곤함보다는 행복감이 더 크게 남았다. 흐린 날씨 속에서도 빛났던 트라카이의 붉은 성과 잔잔한 호수의 풍경은 오랫동안 잊지 못할 것 같다.

여행 일정

▶ 빌뉴스 → 트라카이

숙소: Panorama Hotel

14day

십자가 언덕 샤울리아이

 아침 7시, 빌뉴스에서의 상쾌한 아침을 맞이했다. 간단하지만 든든하게 계란 두 개와 토마토, 오이 몇 조각, 베이컨 햄, 치즈, 그리고 우유 한 잔으로 아침 식사를 마치고, 샤울리아이로 향하는 버스를 타기 위해 서둘러 호텔을 나섰다. 다행히 버스 정류장이 호텔에서 불과 3분 거리에 있어 여유롭게 도착할 수 있었다.
 잠시 후 샤울리아이행 버스에 몸을 실었다. 버스가 출발하자 창밖으로 노란 대평원이 끝없이 펼쳐졌다. 지평선까지 닿을 듯한 광활한 땅에는 감자와 밀이 가득 심어져 있었다. 마치 누런 물결이 춤을 추는 듯한 풍경은 장관이었다.

 4시간 후, 버스는 샤울리아이 버스 터미널에 도착했다. 그런데 예상치 못한 난관에 부딪혔다. 바로 화장실 문제였다. 커다란 건물 안에 있는 공용 화장실에서는 고장인지 문이 열리지 않았다. 많은 사람이 한꺼번에 화장실을 이용하려고 하니 심각한 일이 발생했다. 물어물어 또 다른 화장실을 찾아 겨우 터미널 안내소에 있는 화장실을 이용했는데, 화장실을 이용하느라 시간이 많이 지체되었다.

화장실 문제를 해결하고 나서 짐을 터미널 짐 보관소에 맡기고, 또다시 십자가 언덕으로 향하기 위해 택시기사와 흥정을 시작했다. 왕복 20유로에 합의하고, 택시를 타고 십자가 언덕으로 향했다. 시원하게 뻗은 도로를 15분 정도 달리자, 눈 앞에 십자가 언덕이 모습을 드러냈다. 십자가 언덕은 작은 야산 전체가 촘촘하게 박힌 십자가들로 뒤덮인 곳이었다. 종교가 억압받던 소련  시절, 이 언덕을 없애기 위해 낮에는 불도저로 밀어 버리고 밤에는 사람들이 다시 십자가를 세우는 '십자가 전쟁'이 벌어지기도 했다는 이야기는 가슴을 먹먹하게 했다. 몇 년 전만 해도 지금의 3분의 1 규모였던 십자가 언덕은 전 세계에서 십자가를 세우기 위해 찾아오는 사람들의 발길이 끊이지 않으면서 그 규모가 점점 커지고 있다고 한다. 언덕에 빼곡히 들어선 십자가들은 각자의 사연을 품고 있는 듯 숙연한 분위기를 자아내고 있었다.

　오후 1시 47분, 다음 목적지인 라트비아의 수도 리가로 향하는 버스에 탑승했다. 버스는 생각보다 작았고 많은 사람들이 한꺼번에 타는 바람에 자리 경쟁이 치열했다. 짐칸에도 짐이 가득 차 있어 짐을 넣는 것조차 쉽지 않았다. 하지만 노련한 버스 기사는 불평 없이 차곡차곡 짐을 정리하며 승객들을 안심시켰고 버스는 리가를 향해 출발했다. 두 시간 후, 버스는 리가 공항에 잠시 들렀다가 리가 공용 버스 터미널에 도착했다. 터미널 근처에는 중앙시장과 기차역이 있었고 우리의 숙소는 터미널에서 10분 거리에 있는 호텔이었다. 십자가 언덕으로 향하는 길에서 마주했던 풍경과 십자가 언덕에서 느꼈던 숙연함, 그리고 리가로 향하는 버스 안에서의 소소한 에피소드까지 오늘도 잊지 못할 추억으로 가득했다.

여행 일정

▶ 샤울리아이

▶ 십자가 언덕

숙소: Monte Kristo Hotel

라트비아
Latvijas Republika

라트비아,
13세기 중세로의 시간여행을 떠나기에 아주 좋은 나라다.
구시가지 거리 풍경, 중세 식당, 사람들의 옷차림 등
모든 것이 우리를 이곳으로 이끌었다.

5. 중세로의 시간 여행, 라트비아

15day

우여곡절 끝에 만난 라트비아의 매력적인 수도, 리가

 아침 7시, 상쾌한 기분으로 하루를 시작하려는데 화장실 변기에서 쉬지 않고 물이 새는 소리가 났다. 카운터에 이야기하니 8시쯤 고쳐 준다고 했지만 감감소식이다. 9시가 다 되어서야 다시 연락을 했더니 그제야 정비공이 방으로 올라왔다. 그러나 정비공은 화장실을 사용할

수 없다고 했다. 어쩔 수 없이 방을 바꿔 달라고 요청했고, 다행히 더블 침대가 있는 넓은 방으로 옮길 수 있었다. 교체된 방은 어제 이용했던 좁디좁은 방과는 비교도 안 될 만큼 넓었고 커다란 욕조까지 있었으니, 전화위복이었을까?

발트 3국의 중심이자 환상의 여행지인 라트비아에 도착했다. 12시간이 넘는 비행 끝에 도착한 라트비아는 비록 낯설지만 매력적인 나라다. 라트비아는 국토의 절반 이상이 숲으로 덮여 있는 천혜의 자연환경을 가지고 있는 나라다. 그 속에서 우리는 흥분과 설렘으로 가득했으며 우리에게 잘 알려지지 않은 미지의 세계라서 인지는 몰라도 이곳은 더욱 기대되는 여행지였다.

*삼 형제의 집(좌), 이층 투어버스와 리가 풍경(우)

유럽 북동부 발트해 연안에 자리 잡은 라트비아는 리투아니아, 에스토니아와 함께 발트 3국으로 불린다. 우리에게는 다소 생소한 이름이지만, 알면 알수록 빠져들고 오래 머물고 싶어지는 묘한 매력을 지닌 나라다. 이 나라의 수도는 리가다.

5. 중세로의 시간 여행, 라트비아

리가의 역사 지구는 중세 유럽의 고딕 양식과 로마네스크 양식으로 지어진 아름다운 건축물들이 잘 보존되어 있어 1997년 유네스코 세계 문화유산으로 등재되어 있다. 바닥에 깔린 돌길, 그 돌들이 만들어 내는 좁은 골목길, 그리고 그 길을 따라 형성된 아름다운 건물들까지 하나하나가 중세 시대의 이야기를 고스란히 간직하고 있는 듯하다. 시간을 덧입은 듯한 골목길을 걷다 보니 마치 중세 시대로 떠나온 듯한 착각마저 든다.

오전 내내 호텔에서 시간을 보내다 11시 30분이 되어서야 시내 투어를 나섰다. 아침부터 흐릿하던 날씨는 12시쯤 되자 결국 비를 뿌리기 시작했다. 호텔 라트비아에 들어가 잠시 비를 피하다가 근처 갤러리아 리가에서 30분 넘게 아이 쇼핑을 즐겼다.
　비가 잠시 잦아드는 듯하여 자유의 여신상이 있는 방향으로 걸어가다 다시 비를 흠뻑 맞았다. 계속해서 내리는 비에 택시도 잡히지 않았고, 오늘 투어는 영 마음에 들지 않았다.

*삼 형제 탑(좌), 브레멘 음악단 동상(우)

　다행히 브레멘 음악단 동상 근처 광장에서 늦은 점심 식사를 하고 나니 비가 그쳤다. 근처 신발 가게에서 편안한 운동화 한 켤레를 사서

5. 중세로의 시간 여행, 라트비아　155

바꿔 신고 활기 넘치는 중앙 재래시장으로 향했다. 시장 안은 체리, 사과, 복분자, 살구 등 싱싱한 여름 과일과 채소, 그리고 다양한 먹거리들로 가득했다. 마치 우리나라 전통 시장에서처럼 풍성하고 활기찬 모습을 볼 수 있었다.

다우가바강의 시원한 바람 덕분에 오전에 비로 인해 제대로 즐기지 못했던 아쉬움은 어느 정도 해소되었다. 개인 푸른 하늘과 상쾌한 날씨는 오후 여행을 더욱 신나게 했다. 다우가바강 위에 놓인 두 개의 아름다운 다리와 저 멀리 보이는 높은 탑, 현대적인 국제 도서관과 무역 센터의 풍경은 정말 장관이었다. 다만 철 성분 때문에 검은 물색이 조금은 아쉬움을 남겼다.

오랜 역사를 고스란히 품은 삼 형제의 집

*삼 형제의 집

리가 시내 곳곳에는 아름다운 건축물들이 눈길을 사로잡는다. 15세기 바로크 양식, 17세기 더치 매너리즘 양식, 18세기 고딕 양식 등 각기 다른 시대의 건축 양식을 보여 주는 삼 형제의 집은 오랜 역사를 고스란히 담고 있는 듯했다. 100년 혹은 200년의 시간차를 두고 지어졌다는 세 채의 건물은 건축 양식의 변화를 한눈에 보여 주는 귀중한 자료라고 한다.
　중세 시대 리가가 한자 무역 거점 도시로 번성하던 시절에 지어진 검은 머리 전당은 남미와 아프리카를 오가며 무역을 하던 상인들이 사용했던 건물이다. 수 세기 동안 복원과 증축을 거쳐 현재 리가에서 가장 인상적이고 아름다운 건물 중 하나로 손꼽힌다.

*검은머리 전당

*라트비아의 여신 '밀다상'

1935년 라트비아가 최초로 독립했을 때 국민들의 성금으로 지어졌다는 자유의 기념탑은 라트비아의 여신 '밀다'를 주인공으로 하고 있다. 여신 위에는 라트비아의 세 지역을 상징하는 세 개의 별이 빛나고 있으며, 현재는 라트비아의 역사와 독립을 상징하는 중요한 조형물로 라트비아인들의 뜨거운 사랑을 받고 있다. 오랜 지배 역사에 맞서 싸웠던 라트비아인들의 숭고한 희생을 기리는 자유의 기념탑 앞에 펼쳐진 아름다운 시가지, 유네스코 세계문화유산으로 등재된 리가 역사 지구는 마치 어머니의 품처럼 따뜻하고 포근했다.

*화약탑(좌), 중앙시장(우)

이 외에도 붉은 벽돌이 인상적인 화약탑, 동화 속에서 튀어나온 듯한 브레멘 음악대 동상, 그리고 활기 넘치는 다양한 볼거리를 제공하는 중앙 시장 등 리가는 짧은 시간 동안 둘러보기에는 너무나 매력적인 도시였다. 비록 아침에는 예상치 못한 소동과 비 때문에 계획이 틀어지기도 했지만, 오후부터 드러난 리가의 아름다움은 그 모든 아쉬움을 잊게 했다.

라트비아 리가에서 맛보는 중세의 향수

리가 구시가지를 정처 없이 걷다가 마치 시간의 문이 열린 듯 과거로 빨려 들어가는 듯한 특별한 풍경과 마주했다. 바로 중세 시대 식당이었다. 길 양쪽으로 입구와 출구가 나 있고, 그 아래 아늑하게 자리 잡은 식당의 모습은 무척이나 흥미로웠다. 입구를 지키는 문지기만 무려 세 명. 이중 삼중의 삼엄한 출입 관리를 거쳐 안으로 들어서니 정말이지 중세 시대 모습을 그대로를 간직한 식당이 나타났다.

식당 입구에서 식당 안내원과 함께

1293년에 만들어진 지하 와인 창고를 개조해 영업 중이라는 이 식당은 실내 인테리어에서부터 작은 소품 하나하나까지 모두 중세 시대의 분위기를 고스란히 담고 있었다. 심지어 전기가 없었던 당시의 시대상을 반영하여 오직 촛불만으로 실내를 밝히고 있는 점이 무척 인상 깊었다. 마치 영화 속 주인공이 된 듯한 묘한 착각에 빠지게 하는 공간이었다. 두 개의 독특한 공간과 더불어, 중세 시대부터 존재했다는 800년이나 된 우물이 그 자리에 남아 있어 또 다른 신비로움을 더했다. 중세 시대의 벽화와 투박한 벽돌 벽은 시간을 거슬러 온 듯한 느낌을 생생하게 전달해 주었다.

 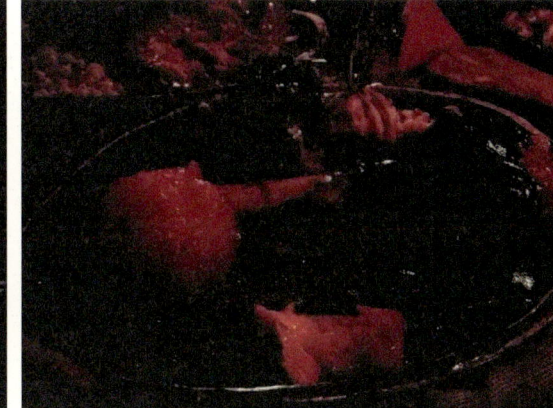

*13세기 중세 식당 Rozengrals 안에서 저녁 식사

중세 시대로의 여행을 가능하게 하는 이 특별한 식당은 현지인뿐만 아니라 외국인들에게도 무척 인기가 많다고 한다. 물론 음식점인 만큼 가장 큰 인기 요인은 바로 음식 맛, 그 맛의 비결이 궁금했는데 놀랍게도 중세 사람들이 사용하던 식재료와 숯불로 요리하는 전통 조리법에 있다고 한다. 은은한 촛불 아래 사랑하는 사람들과 함께 중세 시대의 음식을 맛보는 경험은 저절로 낭만적인 분위기를 자아냈다.

우리는 이곳에서 특별한 중세 시대 요리들을 주문해 맛을 보았다. 부드러운 '토끼 가슴살 요리', 쫄깃한 '양고기 다리 요리', 입안에서 살살 녹는 '송아지 볼 요리', 그리고 담백한 '물고기 삶은 요리'까지 하나하나 맛볼 때마다 감탄사가 절로 나왔다. 여행 중에 맛본 음식 중 단연 최고라고 꼽을 수 있었다. 오랜 세월 동안 지하 동굴 속에서 이어져 온 음식을 맛볼 수 있다는 사실 자체가 무척이나 기분 좋고 행복했다.

다만, 가격은 조금 비싼 편이었다. 붉은색 맥주 300ml 한 잔과 함께 1인당 3만 원 정도였으니까. 하지만 그 특별한 분위기와 잊을 수 없는 맛을 생각하면 전혀 아깝지 않은 경험이었다. 리가에서 중세 시대의 향수를 물씬 느끼고 싶다면, 이곳은 꼭 한번 방문해 보기를 강력하게 추천한다.

여행 일정

- ▶ 라트비아의 수도 리가 도착
- ▶ 검은머리 전당
- ▶ 자유의 여신상
- ▶ 리가성
- ▶ 13세기 중세 식당 Rozengrals

숙소: Monte Kristo Hotel

16day

라트비아의 스위스, 시굴다

*시계탑과 예쁘게 단장된 시굴다 역

    시굴다는 '라트비아의 스위스'라는 별명처럼 아름다운 곳으로, 세계적인 봅슬레이 경기장으로도 유명하다. 10시 38분, 리가 역에서 기차를 타고 설레는 마음으로 시굴다로 향했다. 라트비아의 수도 리가에서 53km 떨어진 강변 도시 시굴다에 도착하니, 아담하고 예쁜 시굴다 역이 우리를 맞이한다. 역 앞에는 꽃으로 예쁘게 꾸며진 정원과 시계탑이 있었고, 역 건물도 마치 동화 속 나라의 정문처럼 아기자기하게 꾸며져 있었다.

    기차에서 내리자마자 가장 먼저 눈에 들어온 것은 푸르고 예쁜 자연 풍경이었다. 산과 강이 어우러져 만들어 내는 아름다운 모습에 감탄을 금할 수 없었다. 시굴다에서 가장 먼저 찾아간 곳은 라트비아 최초이자 최고의 국립공원인 가우야 국립공원이었다. 총길이 460km에 달하는 라트비아 최대의 강 가우야강을 따라 펼쳐진 아름다운 숲과 호수는 마치 도시 전체를 감싸안은 정원 같았다. 시굴다 역에서 투라이다 중세성까지 가는 길에는 오래된 아름드리나무들이 가로수 터널을 이루고 있었고, 초원 위에는 그림 같은 집들이 옹기종기 모여 있다. 이곳은 7월의 더운 여름임에도 불구하고 긴바지와 긴팔 옷을 입어야 할 정도로 시원한 바람이 불어오고 상쾌했다.

*시굴다 역 근처 마을(위), 시굴다 역 기찻길(아래)

가우야 국립공원에는 다양한 풍경들이 펼쳐져 있다. 울창한 숲길을 따라 산책을 즐기기도 하고, 잔잔한 호수에서 카누를 타는 사람들의 모습도 볼 수 있다. 특히 가우야강을 가로지르는 케이블카는 짜릿한 경험을 선사한다. 젊은이들은 케이블카에서 뛰어내려 가우야강으로 번지점프를 즐기기도 한다고 하니 정말 대단하다.

케이블카에서 내려 크라물다 영지를 찾아 30여 분을 헤맸다. 1848년

*가우야 국립공원 안 가로수

에 지어진 영주의 건물이라고 하는데, 19세기에 건축이 시작된 중앙부는 아직도 미완성이라고 한다. 건물 앞쪽으로 길게 뻗은 하얀 건물은 제1차 세계대전 이후 적십자사가 인수하여 요양소로 사용하고 있다고 한다.

*가우야강을 건너는 케이블카에서 가우야강으로 점프하는 젊은 여성(좌), 숲으로 둘러싸인 가우야강(우)

불륜의 장소 구트마니스 동굴

　다음으로 간 곳은 신비로운 분위기의 동굴이었다. 가파른 경사에 놓인 나무다리를 따라 20여 분을 걸어 평지에 도착했고, 다시 10여 분을 더 걸어가니 작은 동굴 하나가 나타났다. 바로 구트마니스 동굴이다. 그러나 규모가 너무 작아 동굴이라는 느낌이 들지 않았다. 실망감을 안고 200m쯤 더 걸어가니 드디어 웅장하고 큰 빅토스 동굴이 나타났다. 이 동굴에는 슬픈 전설이 깃들어 있는데, 옛날 영주가 부인 몰래 바람을 피우자 영주의 부인이 눈물을 흘렸고, 그 눈물이 쌓여 동굴에서 흘러나오는 물이 되었다고 한다. 동굴 벽에는 수많은 사람들이 다녀간 흔적이 글자로 새겨져 있었다.

＊영주 부인이 바람을 피우던 동굴

라트비아 사람들이 가장 좋아하는 성 투라이다

　시굴다에서 가장 유명한 곳은 단연 투라이다 중세 성이다. 도로를 따라 15분쯤 걸어 올라가면 오른쪽 산능선 위에 웅장한 모습으로 서 있는 성을 만날 수 있다. 입장권(성인 5유로, 학생 3유로)을 사서 안으로 들어가니 넓은 공원이 펼쳐져 있었고, 공원 곳곳에는 아름다운 조각상들이 눈을 즐겁게 했다. 깔끔하게 정리된 잔디 정원을 따라 10여 분을 걸어가니 드디어 투라이다 성과 박물관이 나온다.

*투라이다 성(위), 투라이다 성곽에서 내려다본 성곽과 성의 모습(아래)

예쁘장한 소녀가 표를 검사하고 있었는데, 성에 들어가자마자 바로 앞에 보이는 성루에 올라가 봤다. 맑고 시원한 바람과 함께 저 멀리 넓게 펼쳐진 숲과 가우야강의 전경이 가슴을 탁 트이게 한다. 투라이다 성은 라트비아를 포함한 발트 3국에서 보존 상태가 가장 좋은 중세 성 중 하나로 꼽힌다. 라트비아가 생기기 전 '리보니아'라는 나라를 관할하던 대주교와 기사단이 사용했던 성이다. 라트비아에 있는 성 중에서 원래 모습 그대로 잘 남아 있고, 주변에 아름다운 강과 풍경이 어우러져 있어 라트비아 사람들이 가장 많이 찾는 나들이 장소이기도 하다.

성 관람을 끝내고 4시 30분 버스를 타고 시굴다 역에 도착하니 리가 행 열차가 기다리고 있었다.

여행 일정

▶ 리가 → 시굴다(투라이다 중세 성)

숙소: Monte Kristo Hotel

에스토니아
Eesti Vabariik

발트해의 보석 탈린, 빗속에서 더욱 빛난 합살루의 여행은
우리에게 에스토니아의 아름다움을 흠뻑 선사했다.
이곳에선 매 순간 설렘의 연속이었다.

6. 사진처럼 예쁜 나라, 에스토니아

`17day`

발트해의 보석, 탈린

*호텔에서 내려다본 핀란드만

 오늘은 발트 3국 중 가장 북쪽에 자리한 에스토니아의 수도 탈린으로 가는 날이다. 북유럽에 위치한 에스토니아는 서쪽과 북쪽으로는 푸른 발트해를, 동쪽으로는 넓은 러시아 대륙을, 남쪽으로는 라트비아와 국경을 맞대고 있다. 정식 명칭은 에스토니아 공화국. 1940년 슬픈 역사를 딛고 1991년 '노래 혁명'이라는 아름다운 이름의 독립운동을 통해 자유를 되찾은 나라이다. 2004년에는 유럽 연합에도 가입했다. 빙하가 만들어 낸 평평한 땅 위에는 울창한 숲과 촉촉한 습지, 푸른 목초지가 펼쳐져 있다. 에스토니아인들이 전체 인구의 65%를 차지하며, 아름다운 에스토니아어를 공용어로 사용하고 있다. 직접선거로 선출되는 단원제 의회는 임기가 5년이다. 발트해를 따라 핀란드, 스웨덴과 이웃하고 있으며, 핀란드에서는 에스토니아를 정겹게 "Viro(비로)"라고 부르기도 한다니, 아주 가까운 사이인 것 같다.

11시 50분, 리가 공용버스터미널에서 탈린으로 향하는 국제버스에 몸을 실었다. 출발 전 터미널 직원이 여권과 버스표를 꼼꼼히 확인하고 짐에는 짐표까지 붙여 준다.

12시 정각, 버스는 드디어 탈린을 향해 출발했다. 국제버스답게 좌석마다 TV 모니터가 달려 있었고 에어컨과 와이파이도 된다고 안내되어 있었지만… 현실은 조금 달랐다. 바깥 날씨는 24도 정도로 꽤 더웠는데 에어컨은 작동될 기미조차 보이지 않았다. 하지만 신기하게도 누구 하나 불평하는 사람이 없었다. 버스는 마치 하늘을 향해 쭉쭉 뻗은 듯한 아름다운 자작나무와 소나무 숲 사이로 난 2차선 도로를 시원하게 달렸다. 창밖으로 펼쳐지는 북유럽의 자연은 몹시 아름다웠다.

4시간 30분 후, 드디어 에스토니아의 수도 탈린에 도착했다. 우리가 묵을 숙소는 Fat Margaret's Hotel 6층 711호실이다. 객실은 넓고 쾌적했으며 멀리 여객 터미널과 푸른 바다가 한눈에 들어오는 아주 멋진 곳이었다. 욕실 안에는 피로를 말끔히 풀어 줄 사우나 시설까지 갖춰져 있었으니 단연 최고의 객실이라고 할 수 있었다.

짐을 풀고 잠시 숨을 고른 뒤 본격적으로 탈린 구시가지 투어를 시작했다. 붉은 지붕과 뾰족한 탑들이 옹기종기 모여 있는 모습은 마치 중세 시대의 동화 마을에 온 것 같았다. 걷다 보니 빌뉴스나 리가와 비슷한 듯하면서도 또 다른 독특한 분위기가 느껴졌다. 구시가지 투어를 마치고 신시가지 백화점 지하에 있는 식품 코너에 들러 이것저것 먹거리를 사 들고 기분 좋게 숙소로 돌아왔다.

*탈린 국제버스 종합터미널(좌), 구시가지 피크 거리(우)

탈린 구시가지 미리보기

탈린 구시가지는 발트 3국의 다른 수도들보다 비교적 큰 편이지만, 걸어서 1시간 안에 주요 명소들을 둘러볼 수 있다. 하지만 좁은 골목길을 헤매다 보면 길을 잃거나 중요한 볼거리를 놓칠 수 있으니, 먼저 관광 안내소에서 탈린 지도를 구하는 것이 좋다. 지도를 손에 넣었다면 먼저 비루 호텔을 찾아 활기 넘치는 비루 광장으로 가 보자. 붉은 지붕의 아름다운 비루 문을 지나 안으로 들어가면 다양한 상점들이 즐비하게 늘어섰지만, 너무 일찍 쇼핑에 빠지면 나중에 후회할 수도 있으니 주의를 바란다. 배가 고프다면 맥도날드나 핀란드 스타일 햄버거 가게인 헤스버거에서 간단하게 배를 채울 수도 있다.

*톰페아 성 안 거리(좌), 톰페아 성벽에서 내려다본 탈린(중), 톰페아 성벽(우)

비루 거리를 따라 쭉 걸어가면 두 번째로 만나게 되는 거리가 바로 뮈리바헤(Müürivahe)거리다. 웅장한 성벽이 눈앞에 펼쳐지고 그 앞으로는 기념품 가게들이 줄지어 서 있다. 이 거리를 걷다가 왼편으로 식당 안내 간판이 보이면 망설이지 말고 골목 안으로 들어가자. 그곳이 바로 탈린에서 가장 유명하고 아름다운 카타리나 골목이다. 중세 시대 카타리나 수도원의 이름을 딴 이 좁고 아늑한 골목길을 따라 천천히 걸으면 고풍스러운 도미니카 수도원이 나타난다. 신비로운 분위기가 감도는 이곳은 꼭 한번 둘러보길 추천한다. 수도원을 빠져나오면 바로 활기 넘치는 베네 거리와 연결된다.

이 외에도 탈린 구시가지에는 뚱뚱한 마가렛 성탑(현재는 해양 박물관), 좁고 예쁜 피크 거리, 낭만적인 시립극장 뒷골목, 고풍스러운 뮈리바헤 거리, 비밀 정원 같은 구시가지 성벽 뒤 정원, 아기자기한 톰페아 성 안 골목 등이 있다. 그리고 탈린 시내를 한눈에 담을 수 있는 멋진 전망을 자랑하는 톰페아 성벽 위에도 올라가 보자. 놓칠 수 없는 아름다운 명소들이 여기저기에 가득하다. 톰페아 성 안에는 고딕 양식의 아름다운 니굴리스테 교회도

*시청 앞 광장(위), 세 자매 건물(아래)

자리하고 있으며, 구시가지 곳곳을 순찰하는 멋진 여경들의 모습도 인상적이다. 활기 넘치는 시청 앞 광장과 독특한 매력의 세 자매 건물도 빼놓을 수 없는 볼거리다.

여행 일정

▶ 리가 → 에스토니아 수도 탈린

숙소: Fat Margaret's

6. 사진처럼 예쁜 나라, 에스토니아　177

18day

동화 속으로 떠나는 탈린 여행

　탈린, 이름만 들어도 왠지 모르게 설레는 이 도시는 특별한 매력을 가진 곳이다. '덴마크의 도시'라는 뜻을 품고 있는 탈린은 짙은 회색의 견고한 성벽과 붉은 지붕을 얹은 탑들이 푸른 숲과 어우러져 마치 그림책에서 튀어나온 듯한 환상적인 풍경을 자랑하고 있다. 아기자기한 구시가지 골목길은 활기 넘치는 관광객들의 웃음소리로 가득하다.

　가장 먼저 발길이 닿은 곳은 카타리나 골목이었다. 도미니칸 수도원을 나와 베네 거리로 향하는 대신 오른쪽 좁은 골목 안으로 들어서니 중세 시대의 분위기가 물씬 풍기는 특별한 공간이 나타났다. 중세 시대에 성 밖에서 카타리나 도미니칸 수도원으로 향하던 길이라 하여 이런 이름이 붙었다고 한다. 좁은 돌길 양옆으로는 아기자기한 상점들이 늘어서 있었고, 햇살마저 왠지 모르게 따스하게 느껴졌다. 에스토니아 사진첩에서 자주 보던 바로 그 아름다운 골목길을 직접 걷고 있다는 사실이 무척이나 감격스러웠다.

*톰페아 성벽(좌, 우)

가장 오래된 박물관 도미니칸

카타리나 골목 끝자락에는 탈린에 남아 있는 가장 오래된 수도원인 도미니칸 수도원 박물관이 자리하고 있다. 1246년에 지어진 이 수도원은 종교 개혁 이후 파괴되어 지금은 폐허만 남아 있지만 그 터 위에 중세 시대의 화려한 조각들을 전시한 박물관이 있다. 낡은 돌덩이 하나하나에서 오랜 역사의 숨결이 느껴지는 듯했다.

*도미니칸 수도원

13세기 고딕 양식 니굴리스테 교회

다음으로 간 곳은 시청 광장 남쪽에 웅장하게 자리 잡은 니굴리스테 교회다. 13세기 고딕 양식으로 지어진 이 교회는 중세 시대 무역 상인들의 헌금으로 지어졌다고 한다. 안타깝게도 1944년 러시아의 폭격으로 완전히 파괴되었지만, 다행히 폭격 전에 교회 안에 있던 귀중한 역사적 유물들을 다른 곳으로 옮겨 놓아 중세 미술품과 15, 16세기에 지어진 아름다운 제단들, 그리고 바로크와 르네상스 시대의 샹들리에들이 온전하게 보존되어 있었다. 특히 〈죽음의 춤〉이라는 작품은 16세기 후반기에 만들어진 것으로 유럽 전체를 통틀어서도 그 가치가 매우 높다고 하니, 그 웅장함과 섬세함에 감탄을 금할 수 없다.

고풍스러운 뾰쪽한 지붕 세 자매 건물과 올레비스테 교회

시청 광장을 지나 걷다 보니 나란히 붙어 있는 독특한 세 채의 건물이 눈에 띄었다. 바로 세 자매 건물이다. 뾰족한 지붕을 나란히 이고 있는 모습이 마치 사이좋은 세 자매 같다고 해서 붙여진 이름이라고 한다. 현재는 호텔로 사용되고 있는데, 그 고풍스러운 분위기 덕분에 더욱 특별하게 느껴졌다.

탈린의 아름다운 스카이라인을 완성하는 푸른 첨탑을 가진 올레비스테 교회는 다음으로 간 곳이다. 전망대에서 탈린의 전경을 감상할 때 가장 먼저 눈에 띄는 이 교회 탑은 과거 탈린으로 들어오는 배들의 등대 역할을 했다. 16세기 완공 당시에는 교회 첨탑의 높이가 세계에서 가장 높았다고 한다. 가파른 계단을 따라 탑 꼭대기까지 올라가니, 탈린 시가지와 멀리 펼쳐진 핀란드 만의 아름다운 풍경이 한눈에 들어왔다. 시원한 바람을 맞으며 바라보는 탈린의 모습은 정말 아름다웠다.

*올레비스테 교회

고풍스러운 분위기 속 톰페아 언덕

올레비스테 교회에서 내려와 톰페아 언덕으로 발걸음을 옮겼다. 알렉산드르 넵스키 교회 입구 앞으로 웅장한 톰페아 성이 위풍당당하게 자리하고 있다. 톰페아 성은 1227년부터 1229년까지 덴마크인들이 건설한 탑들이 주를 이루는데 18세기 바로크 양식으로 지어졌다. 특히 눈에 띄는 분홍색 건물은 1921년 독립 후 새로 지어진 것인데, 꼭대기에 에스토니아의 삼색기가 힘차게 펄럭이고 있다. 이 탑은 '키다리 헤르만'이라고 불리며 탈린의 랜드마크 중 하나다. 현재 톰페아 성은 에스토니아 국회 건물로 사용되고 있다고 하니 더욱더 그 의미가 깊다.

*톰페아 언덕에서 내려다본 탈린

톰페아 언덕을 따라 천천히 걸으면 탁 트인 전망을 자랑하는 톰페아 언덕 전망대와 튼튼한 성벽이 눈에 들어온다. 붉은 지붕들이 옹기종기 모여 있는 탈린 구시가지의 아름다운 풍경을 한눈에 담을 수 있다. 마치 중세 시대로 빨려 들어온 듯한 황홀한 기분이 들었다.

전망대 근처에는 아늑하고 예쁜 덴마크 왕의 정원이 숨겨져 있다. 잠시 벤치에 앉아 여유를 즐기며 과거 덴마크 왕이 이곳을 거닐었을 모습을 상상해 보았다.

알렉산드르 넵스키 성당 바로 옆에는 돔 성당이 자리하고 있다. 13세기부터 오랜 시간에 걸쳐 지어진 이 성당은 현재는 예배당으로 사용되지 않고, 중세 시대 길드 상인들의 유물을 전시하는 전시관으로 사용되고 있었다. 고풍스러운 분위기 속에서 과거 상인들의 삶을 엿볼 수 있는 흥미로운 공간이었다.

톰페아 언덕 아래로 펼쳐진 탈린 시내의 다채로운 볼거리들을 둘러보는 재미도 쏠쏠했다. 아기자기한 기념품 가게, 맛있는 냄새를 풍기는 레스토랑, 그리고 골목골목 숨어 있는 작은 광장들까지 발길 닿는 곳마다 새롭고 아름다웠다.

톰페아 성 외곽으로 내려가면 웅장한 성벽과 오래된 탑들이 눈에 들어온다. 세월의 흔적이 느껴지는 돌덩이 하나하나가 탈린의 오랜 역사를 말해 주고 있었다.

저만치 보이는 맑고 푸른 핀란드만은 또 다른 아름다움으로 다가왔다. 잔잔한 물결이 햇빛에 반짝이는 모습은 몹시 평화로웠다.

톰페아 언덕 성 광장에는 웅장한 러시아 정교회 건물인 알렉산드르 넵스키 교회도 자리하고 있다. 러시아가 에스토니아를 지배하던 19세기 제정러시아 차르의 권력을 보여 주기 위해 1900년에 완성된 이 교회는 화려하고 웅장한 외관으로 시선을 사로잡았다.

해가 저문 톰페아 언덕에서 내려다본 탈린의 모습은 낮과는 또 다른 분위기를 연출했다. 붉은 지붕들이 석양빛을 받아 더욱 붉게 빛나고 있었고, 저 멀리 잔잔하게 빛나는 핀란드만은 또다시 황홀감에 젖게 한다. 오늘은 하루 내내 시간이 멈춘 듯한 아름다운 풍경 속에서 탈린이라는 환상적인 동화 속 세계에 푹 빠져 버렸다.

*알렉산드르 넵스키 교회

*구름 속의 탈린

여행 일정

▶ 탈린 구시가지(비루문, 톰페아 성, 톰페아 언덕 돔 성당, 카타리나 골목)

숙소: Fat Margaret's

19day

촉촉한 하루 합살루 여행

아침 8시, 창밖은 온통 회색빛 물결이었다. 이슬비는 마치 세상의 먼지를 씻어 내리는 듯 끊임없이 추적추적 내렸다. 합살루 투어를 강행해야 할까 아니면 포기하고 따뜻한 숙소에 머물러야 할까? 갈림길에서 한참을 고민했다. 결국 새로운 곳에 대한 설렘이 망설임을 이겼다. 우

산을 챙겨 들고 호텔 밖으로 나와 택시를 잡아탔다. 그리고 합살루행 버스가 출발하는 공용버스정류장으로 갔다.

 9시 45분, 합살루로 향하는 버스에 몸을 실었다. 1인당 8.5유로의 요금을 지불하고 자리에 앉았지만, 창밖의 비는 여전히 멈출 기미를 보이지 않았다. 탈린에서 합살루까지는 1시간 45분쯤 걸린다. 축축한 날씨 탓인지 버스 안은 한산했다.

*합살루 역

 새벽부터 서둘렀던 탓에 버스에 오르자마자 스르륵 잠이 쏟아졌다. 얼마나 잤을까 버스가 고속도로를 벗어나 합살루 버스터미널로 천천히 들어서는 것을 느꼈다. 눈을 떠 보니 여전히 비는 쉴 새 없이 내리고 있었다.

 버스에서 내리자 웅장하고 아름다운 건축물이 눈에 들어왔다. 합살루 역이었다. 에스토니아의 다른 어떤 역에서도 찾아볼 수 없는 독특한 아름다움을 간직한 곳이었다. 1905년에 지어진 이 역사(驛舍)는 과거에는 기차가 다니던 곳이었지만 지금은 박물관으로만 이용되고 있었다. 당시 기차가 다닐 때는 이 역의 플랫폼 길이가 유럽에서 가장 길었다고 하니, 그 규모를 짐작할 만했다.

비가 그치기를 바랐으나 하늘은 야속하게도 빗줄기를 더욱 굵게 쏟아 냈다. 결국 우산을 펼쳐 들고 합살루 대주교성까지 운행하는 미니 열차(3유로)에 올라탔다. 덜컹거리는 미니 열차는 빗속을 뚫고 달렸지만, 우산은 쏟아지는 비를 막기에는 역부족이었다. 미니 열차를 타니 20분 만에 우리는 해안 도로를 따라 합살루 대주교성에 도착했다. 그때까지도 하늘은 여전히 흐리고 비는 멈추지 않았다.

합살루의 전설 하얀 옷의 여인

빗속을 뚫고 합살루 대주교성에 도착했다. 곳곳이 무너져 내린 높은 성벽은 대주교성의 오랜 세월의 흔적을 고스란히 보여 주고 있었다. 한때 이곳을 지배했던 주인들은 어디로 사라진 것일까? 황량한 풍경만이 우리를 맞이했다. 합살루 시내 한복판에 자리한 대주교성은 에스토니아에서 가장 잘 보존된 중세 성곽 중 하나라고 한다. 특히 이 성곽 안에는 비교적 큰 규모의 대성당이 있는데 수시로 나타난다는 하얀 옷을 입은 귀신 때문에 더욱 유명해졌다고 한다. 연구 결과 조명이 반사되면서 만들어진 그림자라는 사실로 판명되었지만 여전히 그 형상은 '하얀 옷의 여인'이라는 애칭으로 불리며 많은 사랑을 받고 있고, 매년 8월에는 축제도 열린다고 한다.

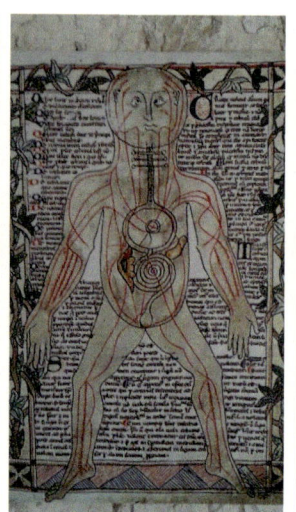

*합살루 성내 풍경

전해 내려오는 '하얀 옷의 여인' 전설은 흥미로웠다. 옛날 이곳의 한 사제가 성 밖의 여인과 비밀스러운 사랑을 나누었는데, 그녀를 성안으로 데려오기 위해 성가대 소년으로 변장시키려다 발각되었다고 한다. 결국 그 여인은 성벽에 묻히는 형벌을 받게 되었고 그 이후 그녀의 형상이 창문을 통해 나타난다는 슬픈 이야기였다.

*합살루 대주교성

빗속의 자동차 전시회

마침 우리가 방문했을 때 합살루 대주교성에서 15일부터 17일까지 예쁜 자동차 전시회가 열리고 있었다. 그래서인지 평소에는 보기 힘든 클래식 카들이 성안으로 들어오고 있었다. 하지만 쉴 새 없이 내리는 비 때문에 전시회 모습은 볼 수 없었다. 아쉬움을 뒤로하고 우리는 20분 정도 걸어서 다시 합살루 역으로 향했다.

*비 때문에 열리지 못한 자동차 전시회에 맨 먼저 온 예쁜 차

오후 4시, 합살루를 떠나 탈린 공용 터미널로 향하는 버스에 몸을 실었다. 숙소로 돌아가는 터미널 앞에서 3량으로 연결된 트램에 올라탔는데 어찌 된 일인지 차장이 보이지 않았다. 요금을 어떻게 지불해야 할지 몰라 당황스러웠다. 사람들은 모두 카드를 사용했지만 우리는 현금밖에 없었다. 현금을 받지 않았기 때문에 결국 숙소 근처의 비루 정류장에서 그냥 내릴 수밖에 없었다. 여행 중에는 가끔 예상치 못한 난감한 상황을 만나기도 하는데 이번 경우는 행운이었을까, 아니면 우리가 잘못한 일이었을까? 알 수 없는 묘한 기분이 들었다.

저녁 6시, 숙소에 도착했다. 배가 고팠기 때문에 한국에서 가져온 소주, 라면, 햇반 등을 꺼내 쿠커에 넣고 보글보글 끓여 푸짐한 저녁 식사를 즐겼다. 이곳에서 맛보는 한국 음식은 그야말로 꿀맛이었다. 역시 한국 사람에게는 한국 음식이 최고라는 사실을 다시 한번 느끼는 순간이었다. 비록 하루 종일 비가 내려 투어를 제대로 즐기지는 못했지만 합살루의 아름다운 역과 흥미로운 전설, 그리고 따뜻한 한국 음식으로 마무리한 하루는 잊지 못할 추억으로 남을 것이다.

*탈린에서의 마지막 만찬 컵라면과 흰 쌀밥

여행 일정

▶ 탈린 → 합살루

▶ 합살루 대주교성

숙소: Fat Margaret's

6. 사진처럼 예쁜 나라, 에스토니아　193

핀란드
Helsinki
헬싱키

잘 정돈된 디자인의 도시 헬싱키는
발트해의 푸른 물결처럼 맑고 깨끗한 인상을 주는 도시다.
이곳에서는 가는 곳마다 경이와 찬탄이 쏟아져 나왔다.

7. 북유럽의 꽃, 헬싱키

`20day`

발트해를 건너 핀란드의 수도 헬싱키로

 에스토니아의 아름다운 수도 탈린에서의 아쉬운 작별을 뒤로하고, 우리는 새로운 설렘으로 핀란드의 수도 헬싱키를 향해 발걸음을 옮겼다. 헬싱키로 향하는 크루즈를 타기 위해 여객 터미널로 향했다.

*탈린에서 헬싱키로 운항하는 크루즈

드넓은 핀란드만을 가로지르는 3시간 30분의 여정은 꽤 흥미로웠다. 푸른 바다 위를 유유히 떠가는 배 위에서 우리는 잠시나마 휴식을 취하며 다가올 헬싱키 여행에 대한 기대감에 부풀었다. 흥미로웠던 사실은 탈린의 저렴한 물가 덕분에 핀란드 사람들이 주말이면 쇼핑을 위해 이 크루즈를 애용한다는 것이다. 마치 우리나라 사람들이 주말에 근교로 드라이브를 떠나는 것처럼 핀란드 사람들에게는 탈린으로의 '바다 건너 쇼핑'이 일상적인 풍경인 듯했다.

*탈린에서 쇼핑을 마친 핀란드인(좌), 헬싱키로 가는 페리호 안에서(우)

헬싱키에 도착하자마자 가장 먼저 느낀 것은 편리한 대중교통 시스템이었다. 트램, 지하철, 버스, 심지어 페리까지, 다양한 교통수단들이 거미줄처럼 촘촘하게 연결되어 있었고, 이 모든 것을 하나의 티켓으로 이용할 수 있다는 점은 여행자에게 엄청난 매력이었다. 우리는 특히 헬싱키의 명물이라 할 수 있는 트램을 애용했다. 2번과 3번 트램 노선은 헬싱키의 주요 명소들을 마치 관광버스처럼 편리하게 이어 주고 있었다. 붉은색의 귀여운 트램을 타고 덜컹거리는 도시 풍경을 감상하는 것 자체가 헬싱키 여행의 또 다른 즐거움이었다. 지하철은 단일 노선이지

7. 북유럽의 꽃, 헬싱키

만 촘촘하게 연결된 버스 노선과 연계되어 시내뿐만 아니라 외곽까지도 쉽고 빠르게 이동할 수 있다는 점도 인상적이었다.

헬싱키에서의 효율적인 이동을 위해 우리는 HSL 교통권 24시간권을 구입했다. 1박 2일의 짧은 일정이었지만, 이 티켓 하나로 트램, 지하철, 버스, 심지어 헬싱키 근교 섬으로 향하는 페리까지 자유롭게 이용할 수 있었으니 정말 탁월한 선택이었다.

소박하고 아름다운 교회 템펠리아우키오

 헬싱키에서 가장 먼저 우리의 발길을 사로잡은 곳은 바로 템펠리아우키오 교회(Temppeliaukion church)로 일명 암석 교회였다. 헬싱키 중앙역에서 도보로 15분 거리에 위치한 이 독특한 교회는 '죽기 전에 꼭 가 봐야 할 명소'라는 명성에 걸맞게 가는 길부터 흥미로웠다.

몇 번이고 길을 물어 찾아간 교회는 바위산 입구에 다다랐음에도 불구하고 그 흔한 종탑조차 없어 이곳이 교회라는 것을 쉽게 짐작하기 어려웠다. 철골로 만들어진 작은 십자가만이 이곳이 성스러운 공간임을 조용히 알려 주고 있었다. 주변을 둘러싼 거친 화강암 바위들과 소박하게 어우러진 교회의 모습은 마치 척박한 암석 지대에서 피어난 생명체처럼 신비로운 분위기를 자아냈다.

＊템펠리아우키오 교회

출입구는 바위를 깎아 만든 탓에 다소 어둡고 으스스한 느낌마저 들었지만, 교회 내부로 발을 들여놓는 순간, 우리는 숨 막힐 듯한 아름다움에 압도당했다. 거친 바위의 질감을 그대로 살린 벽면과 웅장한 돔 형태의 천장은 외부의 소박한 모습과는 전혀 다른 장관을 연출했다. 특히 천장에 뚫린 180개의 유리창을 통해 쏟아져 내리는 햇빛은 그야말로 환상적이었다. 맑고 푸른 하늘빛이 유리창을 통과하며 만들어 내는 빛의 향연은 실내를 밝고 따뜻하게 감쌌고, 우리의 마음까지 맑게 정화시키는 듯했다.

내부는 인공적인 장식보다는 암석이라는 자연 그대로의 요소를 최대한 활용하여 만들어졌다는 점이 더욱 인상적이었다. 암석 사이로 스며드는 물줄기와 벽에 자라난 이끼는 마치 땅속 깊은 곳에서 솟아난 신성한 공간에 와 있는 듯한 착각을 불러일으켰다. 소박함 속에 감춰진 웅장함, 그리고 자연과 조화롭게 어우러진 독특한 아름다움은 왜 템펠리아우키오 교회가 전 세계 여행객들의 발길을 사로잡는지를 단번에 이해시켜 주었다.

시내 투어를 마치고 호텔로 돌아온 우리는 편안한 휴식을 취하며 헬싱키에서의 첫날 밤을 보냈다. 템펠리아우키오 교회가 선사한 경이로운 아름다움은 오랫동안 우리의 기억 속에 깊이 남아 있을 것이다.

여행 일정

▶ 탈린(국제여객터미널) → 핀란드 수도 헬싱키

▶ 템펠리아우키오 교회

숙소: Sokos & Hotel Persidentti

21day

북유럽의 푸른 심장 헬싱키에서의 하루

　핀란드의 수도 헬싱키는 발트해의 푸른 물결처럼 맑고 깨끗한 인상을 주는 도시였다. 설레는 마음으로 나선 시내 투어는 헬싱키의 다채로운 매력을 고스란히 담고 있었다.

　눈길을 사로잡은 것은 헬싱키 거리 곳곳에서 마주친 아름다운 풍경들이었다. 북유럽 특유의 감각적인 디자인이 돋보이는 건물들과 그 사이를 여유롭게 걷는 사람들, 그리고 활기 넘치는 상점들의 모습은 매우 아름다웠다. 특히 잊을 수 없는 것은 길을 걷다 우연히 만난 화려하고 예쁜 옷을 입은 여인이었다. 알록달록한 여러 가지 색이 어우러진 강렬한 옷과 아름다운 미소는 저절로 발걸음을 멈추게 했다. 용기를 내어 함께 사진 촬영을 부탁했고, 흔쾌히 응해 준 그녀의 배려 덕분에 헬싱키에서의 특별한 추억이 담긴 한 장의 사진을 얻을 수 있었다.

*헬싱키에서 만난 화려한 여인과 한 컷(좌), 길거리에서 만난 이색적인 광고(우)

다음으로 간 곳은 붉은 벽돌과 초록 지붕이 인상적인 우스펜스키 대성당(Uspenskin katedraali)이다. 웅장한 외관만큼이나 내부의 화려한 이콘화와 장식들은 깊은 감동을 선사했다. 잠시 묵묵히 기도하며 성당의 고요함 속에서 마음의 평화를 느낄 수 있었다. 언덕 위에 자리한 성당에서 내려다보이는 헬싱키 시내와 푸른 바다의 조화는 그야말로 장관이었다.

*우스펜스키 대성당

활기 넘치는 헬싱키 마켓 광장(Kauppatori)은 또 다른 즐거움으로 가득했다. 형형색색의 꽃들과 신선한 과일, 해산물, 그리고 핀란드 전통 공예품을 판매하는 상인들의 활기찬 목소리가 광장을 가득 채웠다. 맛있는 냄새에 이끌려 따뜻한 연어 수프를 먹어 보았는데 차가운 날씨 속에서 몸을 녹여 주는 그 맛을 잊을 수 없다. 광장 한쪽에서는 갈매기들이 자유롭게 날아다니는 모습도 볼 수 있었다.

마지막으로 간 곳은 유네스코 세계문화유산으로 지정된 수오멘린나 요새(Suomenlinna)다. 배를 타고 도착한 요새는 과거 스웨덴과 러시아의 해군 기지 역할을 했던 곳이다. 웅장한 성벽과 대포, 그리고 오랜 역사를 간직한 건축물들을 둘러보며 천천히 요새 이곳저곳을 걸었다. 요새에서 바라보는 헬싱키 시내와 주변 섬들의 풍경은 숨이 막힐 정도로 아름다웠다. 푸른 바다와 붉은 노을이 어우러진 모습은 오랫동안 기억에 남을 것 같다.

*수오멘린나 요새(Suomenlinna)

돌아오는 길에서는 젊은이들이 야외에 밴드를 설치해 놓고 콘서트를 열고 있었는데, 그들의 열기가 그동안 싸인 피곤함을 시원하게 날려 버렸다. 유럽에는 길거리 버스킹이 하나의 문화로 자리 잡고 있다고 하는데 그들의 젊은 열기 때문에 기분이 매우 좋았다.

*길거리에서 공연하는 젊은이들(좌), 깜삐 예배당(우)

헬싱키에서의 짧은 시간이었지만 아름다운 도시 풍경, 친절한 사람들, 그리고 풍부한 역사와 문화는 헬싱키를 다시 찾고 싶게 만드는 매력이었다.

여행 일정

▶ 우스펜스키 대성당

▶ 마트 공원

▶ 수오멘린나 요새

숙소: Scandic Helsinki Hub

*헬싱키 대성당

러시아 IV
Санкт-Петербург
상트페테르부르크

황금분수가 아름다운 여름궁전과 석양에 더욱 빛나는 궁전 다리,
크고 아름다운 카잔 성당이 있는 상트페테르부르크는
환상적인 아름다움이 존재한다.

8. 웅장하고 아름다운 매력의 도시, 상트페테르부르크

`22day`

버스를 타고 꿈결 같은 상트페테르부르크로

아침 7시 30분, 설레는 마음을 안고 깜삐 공용버스 터미널로 향했다. 지하와 1층으로 나뉜 터미널에서 우리의 목적지 상트페테르부르크행 국제버스는 1층 8번 게이트에서 기다리고 있었다. 전광판에서 게이트 번호를 확인하고 버스에 짐을 실었다. 친절한 운전기사는 짐마다 확인증을 붙여 주고 차표와 여권을 꼼꼼히 확인하였다.

8시 30분, 버스가 출발했다. 창밖으로 펼쳐지는 핀란드의 풍경을 감상하며 3시간쯤 달렸을까? 어느덧 핀란드 국경 출국 심사대에 도착했다. 여권만 보여 주니 간단하게 통과, 하지만 곧이어 도착한 러시아 국경은 조금 더 복잡했다. 버스에서 내려 모든 짐을 가지고 입국 심사를 받아야 했고, 이미그레이션 카드도 꼼꼼히 작성해야 했다. 특히 출국할 때 꼭 필요한 출국 카드를 받는 것도 잊지 않았다. 국제버스에는 두 분의 기사가 함께 탑승하는데, 교대로 운전도 하고 승객들을 살뜰히 챙겨 주는 모습이 인상적이었다. 러시아 국경을 넘어서자 운전대를 잡은 다른 기사 덕분에 보다 편안하게 이동할 수 있었다.

*러시아의 네바강 풍경

   오후 3시 40분, 드디어 상트페테르부르크 버스터미널에 도착했다. 하지만 여기서부터 우리의 숙소가 있는 네바강까지는 꽤 멀리 떨어져 있었다. 택시를 잡고 흥정을 시작했다. 끈질긴 협상 끝에 700루블에 택시를 탈 수 있었다. 그런데 이게 웬일, 운전기사가 길을 헤매기 시작하는 것이다. 마치 아직 잠에서 덜 깬 사람처럼 엉뚱한 곳에 우리를 내려 주려고 했다. 황급히 호텔 이름을 확인해 보니 우리가 예약한 숙소가 아니었다. 호텔 카운터에서 다시 한번 확인을 받고 택시에 올랐지만, 40여 분을 더 헤맨 끝에야 겨우 네바강에 위치한 상트페테르부르크 호텔에 도착할 수 있었다. 길은 헤맸지만 짐을 내려 주며 악수를 청하고 환하게 웃으며 인사하는 운전기사의 모습은 정말 친절했다.

활기차고 아름다운 거리 넵스키 대로

호텔에 짐을 풀고 잠시 숨을 고른 뒤, 넵스키 대로로 가기 위해 호텔 카운터에 택시를 불러 달라고 부탁했다. 550루블에 흥정한 택시를 타고 상트페테르부르크의 심장부인 넵스키 대로로 갔다. 화려한 건물들과 활기 넘치는 사람들, 아름다운 거리 풍경에 정신없이 셔터를 눌렀다.

가장 먼저 눈에 들어온 것은 웅장하고 멋진 카잔 성당이었다. 거대한 돔과 섬세한 조각 장식은 보는 이들을 압도했다. 성당 내부의 경건하고 신성한 분위기 속에서 잠시 평화를 느낄 수 있었다.

다음으로 간 곳은 알록달록한 색감과 독특한 양파 모양의 지붕이 인상적인 피의 구세주 사원이었다. 슬픈 역사를 간직한 곳이지만 그 화려하고 아름다운 모습은 넋을 잃고 바라보게 만들었다. 동화 속 궁전 같은 모습에 감탄사가 절로 나왔다.

*피의 구세주 사원

마지막으로 들른 곳은 돔 끄니기 서점이었다. '책의 집'이라는 뜻을 가진 서점이다. 웅장한 건물 외관만큼이나 내부의 고풍스러운 분위기가 인상적이었다. 다양한 종류의 책들 사이를 거닐며 이곳 사람들의 독서 모습을 연상할 수 있었다. 잠시 앉아 책을 읽는 사람들의 모습에서 여유와 지적인 아름다움이 느껴졌다.

*돔 끄니기 서점(출처: Adobe Stock)

긴 여정 끝에 도착한 상트페테르부르크는 첫인상부터 강렬하고 매력적인 도시였다. 예상치 못한 택시 해프닝도 있었지만, 그 또한 여행의 소중한 추억으로 남았다. 앞으로 상트페테르부르크에서 펼쳐질 더 많은 이야기들이 벌써부터 기대된다.

여행 일정

▶ 헬싱키 → 상트페테르부르크

▶ 넵스키 대로

▶ 카잔 성당

▶ 피의 구세주 사원

▶ 돔 끄니기 서점

숙소: 상트페테르부르크 Hotel

8. 웅장하고 아름다운 매력의 도시, 상트페테르부르크

23day

황금빛 분수 속에 빛나는 상트페테르부르크 여름궁전

*상트페테르부르크의 여름궁전, 페테르고프

　상트페테르부르크의 아침은 싱그러움으로 가득했다. 호텔 문을 나서자 뺨을 스치는 부드러운 바람과 쨍하게 쏟아지는 햇살이 기분 좋은 하루의 시작을 알렸다. 발걸음 가벼이 간 곳은 여름궁전 페테르고프(Petergof)였다.

　여름궁전으로 향하는 가장 로맨틱한 방법은 단연 배를 이용하는 것이다. 10시, 우리는 네바강 변에 정박한 쾌속정에 몸을 실었다. 성인은 700루블, 학생은 500루블의 티켓을 구입하고 40분간의 낭만적인 물길 여행이 시작되었다. 배는 잔잔한 네바강을 미끄러지듯 나아갔고, 선상에서는 상트페테르부르크 시내의 아름다운 풍경이 파노라마처럼 펼쳐졌다. 푸른 돔을 자랑하는 성당들과 고풍스러운 건물들이 햇살 아래 반짝이는 모습은 마치 한 폭의 그림 같았다.

  여름궁전 선착장에 도착했다. 입구에서 성인 700루블, 학생 350루블의 입장권을 구매하고 안으로 들어서자 탄성이 절로 터져 나왔다. 광활하게 펼쳐진 정원은 눈이 부실 정도로 아름다웠다. 푸른 잔디밭과 형형색색의 꽃들이 조화롭게 어우러져 있었고, 그 중심에는 황금빛 조각상들이 화려하게 빛나는 수많은 분수들이 쉴 새 없이 물줄기를 뿜어내고 있었다.

여름궁전의 하이라이트는 단연 대분수 (Grand Cascade)였다. 웅장한 규모와 섬세한 조각, 그리고 끊임없이 쏟아지는 물줄기의 향연은 그야말로 압권이었다. 황금빛으로 빛나는 삼손 조각상이 사자의 입에서 물을 뿜어내는 모습은 강렬한 인상을 남겼다. 분수 주변을 따라 걷는 동안 시원하게 흩날리는 물방울 덕분에 더위도 잊을 수 있었다. 동화 속 세계에 들어온 듯 매우 황홀한 기분이었다.

궁전 내부 또한 화려함의 극치를 달렸다. 섬세하게 장식된 방들과 화려한 가구, 그리고 값비싼 예술품들은 러시아 황실의 위엄을 고스란히 보여 주었다. 창밖으로 펼쳐지는 정원의 풍경 또한 매우 환상적이었다.

13시 15분, 아쉬움을 뒤로하고 다시 배에 몸을 실었다. 돌아오는 배 안에서 여름궁전의 황홀했던 풍경에 대한 이야기를 나누며 여운을 즐겼다.

상트페테르부르크 시내로 돌아와 궁전 광장으로 향했다. 드넓은 광장을 둘러싼 웅장한 건물들은 그 자체로 러시아 역사를 보여 주고 있었다. 특히 예르미타시 박물관의 위용은 감탄을 자아내게 했다. 아쉽게도 시간 관계상 내부는 둘러보지 못했지만 웅장한 외관만은 영원히 기억에 남아 있을 것 같다.

섬세하고 웅장한 성 이삭 성당

다음으로 간 곳은 성 이삭 성당이었다. 웅장한 돔과 섬세한 조각 장식이 인상적인 외관을 감상한 후 내부로 들어섰다. 화려한 스테인드글라스와 웅장한 내부 구조는 경건한 분위기를 자아냈다. 엘리베이터 대신 좁은 나선형 계단을 따라 전망대로 향했다. 2층으로 올라가던 중 많은 인파에 휩쓸려 정신없는 틈을 타 한 여인에게 소매치기를 당할 뻔한 아찔한 경험을 하기도 했다. 다행히 눈치채고 소지품을 꽉 움켜쥔 덕분에 피해는 없었지만, 여행 중에는 항상 경계를 늦추지 않아야 한다는 것을 다시 한번 깨달았다.

힘겹게 오른 성 이삭 성당 전망대에서는 상트페테르부르크 시내의 아름다운 전경이 한눈에 펼쳐졌다. 웅장한 건물들과 푸른 강줄기가 어우러진 풍경은 가슴 벅찬 감동을 선사했다.

이후 청동 기마상을 찾아 나섰다. 표트르 대제의 위엄 있는 모습이 생생하게 담긴 청동 기마상은 강렬한 인상을 남겼다. 주변을 흐르는 네바강은 도시의 아름다움을 더욱 돋보이게 했다.

*러시아 여행의 묘미 성 이삭 성당

*아름다운 항구 도시 상트페테르부르크

상트페테르부르크의 한국 음식점 '밥집'

하루 종일 이어진 빡빡한 일정에 지친 우리는 숙소로 돌아가기로 했다. 이때 이곳 사람들이 경고했던 메다 택시의 악명 높은 바가지요금을 떠올리며 택시를 잡는 데 신중을 기했다. 다행히 양심적인 택시를 잡아 무사히 숙소로 향하던 중, 우리는 허기를 달래기 위해 우연히 발견한 한국 식당에 들렀다. 이곳은 '밥집'이라는 간판이 붙어 있었는데, 식당에서 먹은 얼큰한 닭볶음탕과 시원한 소주 한잔은 하루의 피로를 말끔히 씻어 주는 최고의 만찬이었다.

찬란한 여름, 황금빛 분수가 쏟아지던 여름궁전의 웅장함과 아름다움, 그리고 상트페테르부르크 시내 곳곳의 역사적인 풍경들은 잊지 못할 추억으로 가득 새겨졌다. 소매치기를 당할 뻔한 아찔한 순간도 있었지만, 그 또한 여행의 한 에피소드로 기억될 것이다. 다음에는 좀 더 여유로운 일정으로 상트페테르부르크의 숨겨진 매력을 더 깊이 느껴보고 싶다는 생각을 하며 하루를 마무리했다.

*상트페테르부르크 한식당 밥집(Bab Jib) 풍경

여행 일정

▶ 여름궁전

▶ 피의 성당

▶ 성 이삭 성당

숙소: Comfort Hotel

24day

네바강의 요새 페테르파블롭스크

아침에 일어나니 상트페테르부르크의 하늘은 화창하고 맑았다. 따스한 햇살이 네바강에 부딪혀 반짝이는 모습은 그 자체로 한 폭의 그림이었다. 나는 설레는 마음으로 아침 산책 중이다. 오늘은 네바강 주변의 명소들을 둘러보며 이 아름다운 도시의 여름날을 만끽할 예정이다. 15시에 카잔 성당에서 아들과 만나기로 약속하고, 아들은 먼저 박물관으로 갔다.

먼저 내 발길이 간 곳은 페테르파블롭스크 요새(Petropavlovskaya Krepost)와 그 너머 토끼섬이었다. 붉은 벽돌로 견고하게 지어진 요새의 웅장한 모습은 뜨거운 여름 햇살 아래 더욱 굳건하게 보였다. 네바 강을 따라 불어오는 시원한 바람을 맞으며 걷는 동안, 상트페테르부르크의 역사적인 숨결을 느낄 수 있었다. 작은 다리를 건너 도착한 토끼섬(Zayachy Ostrov)은 활기찬 여름의 기운으로 가득했다. 섬 곳곳에 피어난 꽃들과 푸른 나무들이 싱그러움을 더했고, 해변에서는 여유로운 시간을 보내는 사람들의 모습이 눈에 띄었다. 이곳에서 상트페테르부르크가 시작되었다는 이야기는 왠지 모를 벅찬 감동을 안겨 주었다.

*페테르파블롭스크 요새

차분하고 섬세한 성 블라디미르 대성당

*성 블라디미르 대성당

다음으로 웅장한 자태를 드러낸 것은 차분하고 고풍스러운 회색빛 성당, 바로 성 블라디미르 대성당이었다. 섬세한 조각들이 햇빛을 받아 더욱 빛나는 외관은 감탄을 자아냈다. 성당 내부로 들어서자, 시원하고 경건한 분위기가 더위를 잊게 해 주었다. 화려한 샹들리에와 성화들은 오랜 세월의 흔적을 고스란히 간직하고 있었다. 웅장하면서도 섬세한 아름다움 앞에서 인간의 믿음과 예술에 대한 존경심이 절로 우러나왔다.

넓고 시원하게 펼쳐진 바실리 섬(Vasilyevsky Ostrov)은 여름날의 여유로움이 가득했다. 네바강이 유유히 흐르는 풍경은 평화로웠고, 강변을 따라 늘어선 건물들은 저마다의 아름다움을 뽐내고 있었다. 특히 상트페테르부르크 국립대학(Saint Petersburg State University)의 고풍스러운 건물은 푸른 하늘과 어우러져 더욱 멋스러웠고, 캠퍼스 곳곳에서는 젊음의 활기가 느껴졌다. 가까이에 자리한 멘시코프 궁전(Menshikov Palace)의 정원은 화려한 꽃들로 가득했고, 궁전 내부의 섬세한 장식들은 과거 귀족들의 화려한 삶을 엿볼 수 있게 해 주었다.

다양한 볼거리를 자랑하는 동물학 박물관(Zoological Museum of the Zoological Institute of the Russian Academy of Sciences)은 더위를 피해 시원하게 둘러보기 좋은 곳이었다. 신기한 동물들의 표본들을 보며 아이처럼 설레었고, 지구상의 다양한 생명체에 대한 경외감을 느낄 수 있었다.

석양 속의 꽃 궁전 다리

해가 서서히 기울 무렵, 궁전 다리를 찾았다. 뉘엿뉘엿 넘어가는 햇살 아래, 다리의 웅장한 철골 구조는 아름다운 실루엣을 만들어 냈다. 다리가 서서히 열리는 모습은 마치 땅이 솟구치는 것 같았다. 멀리서 바라보는 붉게 물든 네바강과 주변 풍경은 잊을 수 없는 황홀한 순간이었다. 강 건너편으로 우뚝 솟은 로스트랄 등대(Rostral Columns)는 낭만적인 분위기를 더했고, 멀리 보이는 구해군성(Admiralty Building)의 황금빛 돔은 석양 아래 더욱 빛나고 있었다.

*석양 속의 더욱 빛나는 궁전 다리

  15시가 가까워질 무렵, 약속 장소인 카잔 성당(Kazansky Kafedral'-nyi Sobor)으로 향했다. 웅장한 콜로네이드가 햇빛을 받아 하얗게 빛나는 카잔 성당 앞 광장은 많은 사람들로 북적였다.

바티칸 성당을 닮은 반원형 러시아 정교회 카잔 성당

  아들과 반갑게 재회한 우리는 성당 옆 카페에 들어갔다. 시원한 아이스 아메리카노(한 잔에 220루블)를 마시며 잠시 더위를 식히고 오늘 하루의 여정을 되돌아보는 시간을 가졌다.

  늦은 점심을 먹기 위해 우리는 한국 식당 '밥집'을 찾았다. 뜨거운 여름날, 시원한 에어컨 바람 아래 맛보는 한국 음식은 그야말로 천상의 맛이었다. 김치찌개의 매콤함과 비빔밥의 다채로운 맛은 지친 몸과 마음에 활력을 불어넣어 주었다. 타지에서 느끼는 고향의 맛은 특별한 감동으로 다가왔다.

*카잔 성당

네바강 변을 따라 걸으며 만끽했던 상트페테르부르크의 아름다움과 활기찬 분위기는 오랫동안 기억 속에 선명하게 남을 것이다. 푸른 강물과 찬란한 햇살 아래 빛나던 상트페테르부르크의 여름날은 잊지 못할 소중한 추억으로 가득 채워졌다.

여행 일정

▶ 페테르파블롭스크 요새

▶ 성 블라디미르 대성당

▶ 궁전 광장

▶ 카잔 성당

숙소: Comfort Hotel

25day

맛있는 음식 여행

1) 러시아 음식

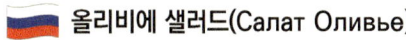 올리비에 샐러드(Салат Оливье)

　1960년대부터 러시아 사람들에게 꾸준히 사랑받아 온 음식으로 특별한 날에는 빠질 수 없는 대표적인 샐러드다. 마치 우리나라의 잡채처럼 러시아인의 잔칫상에는 이 올리비에 샐러드가 푸짐하게 놓인다고 한다. 특히 러시아의 새해맞이 식탁에 빠질 수 없는 러시아 음식이다. 러시아에선 새해맞이 행사에 온 가족이 함께 모여 이 샐러드를 만들면서 새해의 행복과 건강을 기원하는 풍습이 있다.

　잘게 깍둑썰기 한 당근, 오이(주로 오이 피클을 많이 사용해서 새콤한 맛을 더한다), 감자, 햄(또는 소시지), 삶은 계란과 마요네즈를 넣어 만든 음식이다. 각 재료의 식감이 살아 있으면서도 마요네즈가 부드럽게 감싸 주니, 남녀노소 누구나 즐길 수 있는 음식이다.

🇷🇺 러시아의 전통 꼬치 요리 샤슬릭(Шашлык)

 이 요리는 고기를 한 입 크기로 잘라 꼬챙이에 꿰어 굽는 꼬치구이인데 먹기도 편하고 굽는 재미도 쏠쏠하다.

 소금, 후추, 식초로 간을 해서 고기 본연의 맛을 살리면서도 잡내는 잡아 주는 기본적인 마리네이드가 샤슬릭의 핵심이라고 할 수 있다. 여기에 다양한 향신료나 허브를 더하면 더욱 풍부하고 개성 있는 맛을 낼 수 있다.

 특히 야외에서 활활 타오르는 숯불에 직접 구워 먹는 샤슬릭은 그야말로 맛의 예술이다. 뜨거운 불길에 겉은 바삭하게 익고 속은 촉촉하게 육즙이 살아 있는 그 맛은 정말 잊을 수가 없다. 숯불 특유의 향까지 더해지면 훨씬 맛이 있다.

 여러 가지 야채와 함께 먹으면 맛도 풍성해지고 영양 균형까지 맞출 수 있다. 알록달록한 색감 덕분에 보기도 좋고 씹는 즐거움도 있으니, 러시아 여행을 한다면 샤슬릭은 꼭 먹어 봐야 할 음식이다.

🇷🇺 붉은색의 매혹 보르쉬 수프(борщ)

'보르쉬'는 슬라브 민족의 오랜 전통이 담긴 특별한 수프 요리이다. 강렬한 붉은 색이 이 음식의 특징인데, 이 아름다운 색은 '비트(beet)'에서 생겨난다. 땅속의 붉은 보석이라고 불리는 비트는 보르쉬에 독특한 색감뿐만 아니라 달콤하면서도 깊은 풍미를 더해 준다고 한다.

붉은색 비트에 다양한 채소와 고기가 어우러져 풍성하고 깊은 맛을 자랑하는 음식으로 비트, 양배추, 감자, 당근, 양파, 토마토(또는 토마토페이스트), 돼지고기 또는 소고기 등을 넣어 깊고 진한 맛을 더해 주고, 마늘과 딜(Dill)로 향을 내는 음식이다. 러시아 사람들은 보르쉬를 먹을 때 꼭 스메타나(러시아식 사워크림)를 듬뿍 올려놓고 먹는데 부드럽고 고소한 맛이 뜨겁고 진한 보르쉬와 환상적인 궁합을 이룬다고 한다.

🇷🇺 러시아 전통 길거리 음식 블린(Блин)

블린은 러시아 여행을 하다 보면 길거리에서 자주 만나는 음식이다. 밀가루를 베이스로 얇고 둥글게 구워 낸 러시아식 팬케이크로, 그 모습이나 맛이 마치 따뜻한 크레이프나 얇은 전병을 닮았다.

따뜻하게 구워진 블린에 버터가 사르르 녹아내리거나 달콤한 꿀이 촉촉하게 스며드는 맛은 단백하면서도 환상적이다. 러시아 사람들은 다양한 토핑을 곁들여 블린을 즐겨 먹는다.

짭짤하면서도 풍미 가득한 캐비아를 올려 먹으면 고급스러운 맛이 나고, 신선한 딸기나 달콤하게 졸인 사과를 얇게 썬 블린 위에 올려 먹으면 입안 가득 과일의 향을 느낄 수 있다. 짭짤한 크림치즈나 훈제 연어, 다진 고기 등을 넣어 마치 브리또나 얇은 샌드위치처럼 즐길 수도 있다.

특히 블린은 러시아의 특별한 축제인 '마슬레니차(Масленица)' 기간에 빼놓을 수 없는 중요한 음식이라고 한다. 마슬레니차는 겨울의 끝을 알리고 봄의 시작을 축하하는 축제로, 이 기간 동안 러시아 사람들은 둥글고 따뜻한 블린을 해가 떠오르는 모습에 비유하며 풍요와 번영을 기원한다고 한다. 우리나라의 정월 대보름에 둥근 달을 보며 소원을 비는 풍습과 비슷한 의미를 담고 있는 것 같다.

2) 핀란드 음식

🇫🇮 핀란드의 특별한 간식 카리알란피라카(Karjalanpiirakka)

　핀란드 사람들이 일상적으로 즐겨 먹는 간식이다. 이 음식은 핀란드의 카렐리아 지역에서 유래했는데, 2011년에는 유럽연합으로부터 전통 특산품 보증을 획득하여 원산지 보호 명칭까지 받았다. 프랑스의 샴페인이나 이탈리아의 파르마 햄처럼, 카리알란피라카 역시 그 지역의 독특한 환경과 전통적인 제조 방식이 만들어 낸 귀한 음식이라는 것을 알 수 있다.

　카리알란피라카는 얇은 호밀 반죽 속에 쌀 푸딩을 채워 구워 내는 것이 특징이다. 겉은 바삭하고 속은 부드러운 식감이 매력적인 핀란드 전통 파이로 갓 구운 따뜻한 카리알란피라카는 그 자체로도 훌륭한 간식이지만, 핀란드에서는 삶은 달걀과 버터를 으깨 만든 '무나보이(Munavoi)'를 곁들여 먹는 것을 즐긴다. 따뜻할 때 바로 먹으면 겉은 바삭하고 속은 부드러운 환상적인 식감을 느낄 수 있다.

🇫🇮 부드러운 핀란드 전통 치즈 레이패유스토(Leipäjuusto)

레이패유스토는 건조시킨 치즈를 불에 데워서 부드럽게 만들어 애피타이저로 먹는 핀란드인들의 전통 음식이다. 마치 딱딱한 빵을 살짝 구워 먹는 것처럼 건조 과정을 통해 응축된 풍미가 따뜻하게 데워지면서 더욱 깊고 부드럽게 살아난다. 겉은 살짝 그을리면서 속은 촉촉하고 따뜻하게 해서 먹는 아주 부드러운 음식이다.

🇫🇮 핀란드 전통 수프 로히케이토(Lohikeitto)

로히케이토는 북유럽 특히 핀란드 사람들의 일상 식탁에서 빼놓을 수 없는 소울 푸드와 같은 음식이다. 연어와 감자를 넣고 딜을 더해 만든 핀란드 전통 수프인데, 싱싱한 연어 살코기가 부드럽게 익으면서 내는 은은한 단맛과 고소함, 포슬포슬하게 삶아진 감자의 담백함이 어우러지고, 여기에 향긋한 딜이 더해져 수프 전체의 풍미를 한층 끌어올리는 특별한 음식이다. 그 맛은 잘 끓인 생선찌개에 감자의 부드러움과 미나리의 향이 어우러진 음식 같다.

우유를 넣어 만들기도 하는데, 우유가 들어가면 국물이 더욱 부드러워져 속을 편안하게 해 준다. 추운 겨울날 따뜻한 로히케이토 한 그릇은 몸과 마음을 동시에 녹여 주는 최고의 음식이 될 수 있다.

▊▊ 부드러운 생선을 넣고 구운 빵 칼라쿠코(Kalakukko)

칼라쿠코는 핀란드의 사보니아(Savonia) 지역, 특히 노던 사보니아 지역의 수도인 쿠오피오(Kuopio)에서 오랫동안 사랑받아 온 전통 음식이다.

빵에 주로 부드럽고 연한 청어, 송어, 연어 등의 생선을 넣고 오랜 시간 구워 만든 요리다. 오랜 시간 구워지면서 빵의 담백함과 생선의 촉촉함, 그리고 그 사이에서 어우러지는 맛이 독특하고 매력적이다. 겉은 빵이지만 속은 예상치 못한 재료로 채워져 있는 재미있는 음식이다.

칼라쿠코는 과거에 음식을 오랫동안 보관하고 휴대하기 어려웠던 시절, 빵과 생선을 한 번에 조리하여 영양을 보충하고 간편하게 먹을 수 있도록 고안된 지혜로운 음식이다.

갓 구운 칼라쿠코는 뜨거울 때 먹어도 맛있지만, 식혀서 먹어도 그 풍미가 그대로 살아 있다. 핀란드 사람들은 칼라쿠코를 잘라서 빵과 생선을 함께 먹거나, 버터를 발라 먹기도 한다.

3) 발트 3국 음식

   발트 3국의 특별한 케이크 사코티스(Sakotis)

사코티스는 신비로운 숲에서 자라난 침엽수처럼 독특한 모양을 하고 있다. 달걀, 밀가루, 마가린, 사워크림 등을 넣어 만든 케이크다.

독일의 '바움쿠헨(Baumkuchen)'과 비슷하게 만드는데, 여러 겹의 얇은 반죽을 겹쳐 구워 단면이 마치 나이테처럼 보이는 섬세하고 특별한 케이크다. 겉은 바삭하고 속은 촉촉한, 겹겹이 쌓인 독특한 식감을 자아낸다.

뾰족뾰족하게 솟아오른 부분이 마치 나뭇가지 같기도 하고, 켜켜이 쌓인 반죽의 흔적이 웅장한 나무의 결처럼 보이기도 한다. 맛도 좋지만 예술 작품 같은 아름다움을 지니고 있어 발트 3국에서 특히 인기 있는 음식이다.

 리투아니아 감자만두 체펠리나이(Cepelinai)

이 요리는 삶은 감자와 감자 전분을 이용해서 쫀득한 만두피를 만들고, 그 안에 다진 고기소를 듬뿍 채워 넣은 음식이다. 유럽권에서 감자와 고기를 함께 먹는 것은 흔한 일이

지만, 감자 전분으로 쫄깃한 만두를 만들어 낸다는 점이 독특하다. 우리나라의 감자떡이나 옹심이처럼 감자 자체의 부드러움과 전분의 찰기가 어우러져 쫀득하면서도 입안 가득 퍼지는 감자의 풍미가 일품이다. 겉은 매끈하고 속은 든든한 리투아니아만의 특별한 감자만두라고 할 수 있다.

모양이 비행선과 비슷해서 체펠린 비행선에서 이름을 따왔다는 점도 흥미롭다. 요거트 크림과 함께 먹으면 더 맛있다. 담백하고 든든한 감자만두에 부드럽고 상큼한 요거트 크림이 더해지면 느끼함은 잡아 주고 신선한 풍미를 더해 준다.

보통 식당에서 두 덩이가 나오는데, 한 덩이만으로도 충분히 배가 부르고 그 이상은 느끼할 수도 있다. 우리나라의 왕만두처럼 푸짐한 양과 깊은 맛이 담겨 있다. 리투아니아를 방문하게 된다면 꼭 체펠리나이 한 덩이를 맛보며 그 든든함과 독특한 매력에 빠져 보길 바란다.

짭짤하면서도 고소한 키비나이(Kibinai)

이 음식은 리투아니아의 트라카이 지역에 정착한 타타르족 호위병들이 먹던 음식에서 유래했다. 양고기와 양파가 듬뿍 들어간 페이스트리 파이다. 짭짤하면서도 고  소하고, 양파의 은은한 단맛과 향이 어우러져 아주 맛있다. 특히 양고기는 특유의 풍미가 있어 키비나이만의 독특한 맛을 가지고 있다.

아름다운 호반의 도시 트라카이를 방문한다면 꼭 따뜻한 키비나이를 맛보며 그 속에 담긴 역사와 문화를 느껴 보길 바란다. 낯선 땅에 정착한 타타르족의 애환과 리투아니아 땅에 대한 애정이 키비나이 속에 고스란히 녹아 있는 것 같았다.

푸근한 감자 요리 쿠겔리스(Kugelis)

이 요리는 감자를 주재료로 하여 베이컨, 우유, 양파, 달걀 등을 넣고 만드는 찜 요리다. 오랫동안 리투아니아 사람들의 식탁을 든든하게 채워 온 대표적인 음식이기도 하다.

감자를 강판에 갈아서 감자 전분을 뽑아내 만드는데, 이렇게 하면 더욱 쫀득하고 부드러운 식감을 낼 수 있다고 한다. 우리나라의 감자전이나 옹심이를 만드는 때와 비슷하다. 감자 자체의 녹진한 맛과 전분의 찰기가 어우러져 특별한 식감을 만들어 내기도 한다. 여기에 짭짤하고 고소한 베이컨, 부드러움을 더하는 우유, 향긋한 양파, 그리고 영양을 더하는 달걀까지 함께 섞어 오븐에 구우면 다채로운 맛이 난다. 겉은 노릇하게 구워져 바삭하고, 속은 촉촉하면서도 쫀득한 식감을 낸다.

리투아니아 사람들이 가정에서 흔히 즐겨 먹거나, 특별한 날에 온 가족이 함께 나누어 먹는 정겨운 음식이다.

매력적인 파이 스클란드라우시스(Sklandrausis)

라트비아의 리보니아 지역에서 유래한 특별한 음식이다. 호밀 반죽에 감자와 당근 페이스트, 그리고 캐러웨이가 들어간 파이다. 소박한 재료들로 만들어진 음식이지만 독특한 맛 때문에 이 지역에서 인기가 많다.

호밀 반죽 특유의 구수함과 쌉쌀함이 달콤한 감자와 당근 페이스트가 어우러진 맛은 부드러우면서도 깊은 풍미가 있다. 여기에 캐러웨이 특유의 향과 살짝 매콤한 듯한 풍미가 더해져서 정말 독특한 맛을 낸다. 단맛과 짠맛 그리고 향긋함이 어우러진 매력적인 파이라고 할 수 있다.

이 음식은 가끔 간식으로 만들어 먹거나 특별한 날에 만들어 먹는 음식이다. 소박한 재료로 만들지만, 그 속에 담긴 정성과 맛은 결코 평범하지 않다. 리보니아 사람들의 따뜻한 마음과 지혜가 담겨 있는 스클란드라우시스를 꼭 맛보길 권한다.

26day

귀국

아침 식사를 마치고 산책 후에 공항으로 출발했다. 16시 30분 폴코보 공항을 출발한 항공기는 모스크바 공항을 경유한 후 9시 10분 인천공항에 도착했다. 이것으로 25박 26일의 꿈이 현실로 이루어진 러시아, 핀란드, 발트 3국 여행을 마무리한다. 늘 생각하는 것이지만 '여행이란 미지의 세계로 떠나는 신비한 여정이다.' 이번 여행에서도 어느 곳을 가든 처음으로 내디딘 새로운 곳들은 신비함과 설렘으로 가득했다. 푸른 호수 바이칼, 3박 4일간의 시베리아 횡단 열차, 러시아의 심장 붉은 광장과 크렘린, 상트페테르부르크, 헬싱키의 요새 수오멘린나, 발트 3국의 구시가지의 아름답고 새로웠던 모습들은 아직도 생생하게 가슴속에 남아 있다. 인생을 살면서 가끔은 떠올리고 웃음 지을, 잊지 못할 추억이 될 것이라 확신한다. 이 여행기를 다 읽은 당신도 인생에서 한 번은 이곳들을 여행하며 아름다운 추억을 만들어 가기를 강력히 추천한다.

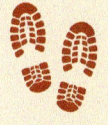

■ 도움이 되는 각 나라 기본 정보

1. 러시아(Russia) – 세계에서 가장 넓은 영토를 가진 나라

- ▶ 인구: 146,238,185명(2023년, 세계 9위)
- ▶ 면적: 17,098,246㎢(세계 1위)
- ▶ 수도: 모스크바(Moscow)
- ▶ 종교: 러시아 정교회(다수), 이슬람교, 기타
- ▶ 화폐 및 환율: 러시아 루블(RUB), 100루블=약 1,300원(2024년 5월 기준, 변동 가능)
- ▶ 언어: 러시아어(공식어)
- ▶ 시차: 한국보다 5~12시간 느림(지역별 상이)
- ▶ 무비자 관광 기간: 한국 국적의 경우 일반적으로 비자 필요(별도 협정에 따라 변경 가능)
- ▶ 여행 적기: 모스크바, 상트페테르부르크 등 주요 도시는 5~9월(온화한 날씨)

▶ 기본 정보: 극동 아시아에서 동부 유럽의 유라시아 대륙에 걸쳐 있는 나라다. 9세기 루시에 국가 기원을 두며 1917년 러시아 혁명이 일어날 때까지 대제국을 이루다 1922년 소비에트 사회주의 공화국 연방으로 거듭났다. 1990년 고르바초프의 냉전종식 정책으로 각 공화국들에 민족주의 분규가 일어나면서 1991년 12월 31일 소련이 해체, 독립국가가 되었다.

*출처: [네이버 지식백과] 러시아

▶ 간단한 언어 표현
- 안녕하세요: 즈드라스트부이쩨(Zdravstvuyte)
- 감사합니다: 스파시바(Spasibo)
- 네: 다(Da)
- 아니요: 니옛(Nyet)
- 이거 얼마예요?: 스콜코 에따 스토잇?(Skol'ko eta stoit?)
- 물: 바다(Voda)
- 식당: 레스토란(Restoran)

2. 핀란드(Finland) - 산타클로스가 사는 나라

- ▶ 인구: 5,563,963명(2023년, 세계 116위)
- ▶ 면적: 338,424㎢(세계 65위)
- ▶ 수도: 헬싱키(Helsinki)
- ▶ 종교: 복음주의 루터교(다수), 핀란드 정교회, 무종교
- ▶ 화폐 및 환율: 유로(EUR), 1유로=약 1,450원(2024년 5월 기준, 변동 가능)
- ▶ 언어: 핀란드어, 스웨덴어(공용어)
- ▶ 시차: 한국보다 7시간 느림
- ▶ 무비자 관광 기간: 90일(솅겐 협약 가입국)
- ▶ 여행 적기

  여름(6~8월): 온화하고 백야 현상 경험 가능

  겨울(12~3월): 오로라 관측, 스키 등 겨울 액티비티 즐기기 좋음

- ▶ 기본 정보: 북유럽 발트해 연안에 있는 스칸디나비아 국가로, 1155년 스웨덴 십자군에 정복되어 스웨덴 일부로 병합되었고, 1809년

러시아의 자치령인 대공국이 되었다. 1917년 러시아 혁명 후 독립을 선언하였고 1918년에 공화제를 실시하여 처음으로 독립된 통일 국가를 이룩하였다.

*출처: [네이버 지식백과] 핀란드

▶ 간단한 언어 표현
- 안녕하세요: 헤이(Hei) / 테르베(Terve)
- 감사합니다: 키이토스(Kiitos)
- 네: 퀼라(Kyllä)
- 아니요: 에이(Ei)
- 이거 얼마예요?: 미카 힌타 온?(Mikä hinta on?)
- 물: 베시(Vesi)
- 식당: 라빈톨라(Ravintola)

3. 리투아니아(Lithuania) – 숲이 아름다운 발트해의 나라

▶ 인구: 2,725,027명(2023년)
▶ 면적: 65,300㎢(한반도의 약 1/3)

- ▶ 수도: 빌뉴스(Vilnius)
- ▶ 종교: 가톨릭(79%), 정교회(4.1%), 개신교(1.6%), 무종교(15.3%)
- ▶ 화폐 및 환율: 유로(EUR), 1유로=약 1,450원(2024년 5월 기준, 변동 가능)
- ▶ 언어: 리투아니아어(공식어)
- ▶ 시차: 한국보다 7시간 느림
- ▶ 무비자 관광 기간: 90일(셍겐 협약 가입국)
- ▶ 여행 적기

  여름(6~8월): 온화하고 쾌적한 날씨

  봄/가을: 비교적 한적하고 아름다운 자연 감상 가능
- ▶ 주요 관광지: 빌뉴스 구시가지, 트라카이 성, 십자가 언덕, 쿠로니아 모래톱, 카우나스 등

- ▶ 기본 정보: 북유럽 발트해 남동쪽 해안에 있는 나라이다. 1940년에는 소련, 1941년부터는 독일의 지배를 받다가 1944년 다시 소련군에 점령되면서 소비에트 공화국의 일원이었다가, 1990년 3월 독립을 선언하고 이듬해 독립하였다.

  *출처: [네이버 지식백과] 리투아니아

- ▶ 간단한 언어 표현
- - 안녕하세요: 라바 디에나(Laba diena)
- - 감사합니다: 아치우(Ačiū)
- - 네: 태입(Taip)
- - 아니요: 네(Ne)

- 이거 얼마예요?: 키엑 카이누오야?(Kiek kainuoja?)
- 물: 반데니스(Vanduo)
- 식당: 레스토라나스(Restoranas)

4. 에스토니아(Estonia) - 성숙된 민주주의의 나라

- ▶ 인구: 1,319,041명(2024년)
- ▶ 면적: 45,227㎢(한반도의 약 1/5)
- ▶ 수도: 탈린(Tallinn)
- ▶ 종교: 무종교(다수), 동방 정교회, 루터교 등
- ▶ 화폐 및 환율: 유로(EUR), 1유로=약 1,450원(2024년 5월 기준, 변동 가능)
- ▶ 언어: 에스토니아어(공식어), 러시아어(일부 사용)
- ▶ 시차: 한국보다 7시간 느림
- ▶ 무비자 관광 기간: 90일(셍겐 협약 가입국)
- ▶ 여행 적기

  여름(6~8월): 온화하고 백야 현상 경험 가능

겨울(12~2월): 눈 덮인 풍경과 크리스마스 마켓 즐기기 좋음
▶ 주요 관광지: 탈린 구시가지, 톰페아 성, 알렉산드르 넵스키 대성당, 카드리오르그 공원, 타르투 등

▶ 기본 정보: 2004년 5월 EU에 가입하고, 2011년부터 유로를 사용하기 시작하는 등 1991년 구소련으로부터 독립 후 빠른 경제 발전을 이루고 있고, 정치적으로도 안정되고 성숙된 민주주의를 구현하고 있다. 러시아와 직접적인 국경을 마주하고 있으며, 역사문제, 자국내 러시아인 지위 문제 등으로 러시아와 다소 긴장관계를 유지하고 있다.

*출처: [네이버 지식백과] 에스토니아

▶ 간단한 언어 표현
- 안녕하세요: 테레(Tere)
- 감사합니다: 아이타(Aitäh)
- 네: 야(Jah)
- 아니요: 에이(Ei)
- 이거 얼마예요?: 쿠이 팔유 막삽?(Kui palju maksab?)
- 물: 베시(Vesi)
- 식당: 레스토란(Restoran)

5. 라트비아(Latvia) - 아름다운 호박의 나라

- ▶ 인구: 1,801,246명(2024년 추정)
- ▶ 면적: 64,589㎢(한반도의 약 1/3)
- ▶ 수도: 리가(Riga)
- ▶ 종교: 루터교, 가톨릭교, 러시아 정교회
- ▶ 화폐 및 환율: 유로(EUR), 1유로=약 1,450원(2024년 5월 기준, 변동 가능)
- ▶ 언어: 라트비아어(공식어), 러시아어, 영어
- ▶ 시차: 한국보다 7시간 느림(3월 마지막 주~10월 마지막 주는 6시간 느림)
- ▶ 무비자 관광 기간: 90일(셍겐 협약 가입국)
- ▶ 여행 적기
  봄~여름(4~9월): 온화하고 일조 시간 김. 다양한 축제와 행사
  겨울(11~3월): 스키 등 겨울 스포츠 즐기기 좋음
- ▶ 주요 관광지: 리가 구시가지(유네스코 세계문화유산), 자유 기념비, 벤타 폭포, 시굴다, 유르말라 해변 등

▶ 기본 정보: 지리적으로 전략적 요충지인 발트해 연안에 위치, 13세기 이후 줄곧 외세의 지배를 받아오다가 1918년 러시아 제국으로부터 독립하였으나, 제2차 세계대전 중 또다시 독일 및 소련의 점령하에 있다가 1991년 주권을 회복하였다. 발트 3국 중 지리적으로 중심부에 위치하고 있으며, 2004년 3월 북대서양 조약기구(NATO), 2004년 5월 EU, 2014년 1월 유로존, 2016년 7월 OECD 가입을 통해 서구와의 통합노력을 가속화하고 있다.

*출처: [네이버 지식백과] 라트비아

▶ 간단한 언어 표현
- 안녕하세요: 스베이키(Sveiki)
- 감사합니다: 팔디에스(Paldies)
- 네: 야(Jā)
- 아니요: 나(Nē)
- 이거 얼마예요?: 치크 막사?(Cik maksā?)
- 물: 우덴스(Ūdens)
- 식당: 레스토란스(Restorāns)

■ 러시아 & 발트 3국 그리고 핀란드 여행 일정

날짜	국가	일정	숙소	비고
1day	러시아	출국 → 하바롭스크 → 이르쿠츠크	Royal Hotel	환전, 유심
2day	러시아	올혼섬 후지르 마을(바이칼 호수)	솔레츠나야 Guesthouse	페리 Ticket
3day	러시아	부르한 바위 언덕, 류보피, 하보이곶	솔레츠나야 Guesthouse	
4day	러시아	이르쿠츠크 시내 투어	Royal Hotel	
5day	러시아	리스트비얀카 마을, 젊음의 거리	Angkara Hotel	
6day	러시아	시베리아 횡단 열차 탑승	횡단 열차 (쿠페, 4인 1실)	크라노야르스크
7day	러시아	시베리아 횡단 열차 탑승	횡단 열차 (쿠페, 4인 1실)	노보시비리스크
8day	러시아	시베리아 횡단 열차 탑승	횡단 열차 (쿠페, 4인 1실)	모스크바
9day	러시아	참새 언덕, 모스크바 대학, 아르바트 거리	Matreshka Hotel	
10day	러시아	붉은 광장, 크렘린, 톨스토이의 집, 노보데비치 수도원	Matreshka Hotel	
11day	러시아	모스크바 지하 궁전 및 시내 투어 → 빌뉴스	Panorama Hotel	빌뉴스로 항공 이동
12day	리투아	빌뉴스 시내 및 구시가지 투어	Panorama Hotel	
13day	리투아	트라카이	Panorama Hotel	트라카이행 Ticket
14day	리투아	샤울리아이 십자가 언덕 → 리가	Monte Kristo Hotel	
15day	라트비	리가 시내 및 구시가지 투어, 13세기 중세 식당	Monte Kristo Hotel	
16day	라트비	시굴다(투라이다 중세 성)	Monte Kristo Hotel	
17day	에스토	리가 → 탈린	Fat Margaret's Hotel	탈린행 국제버스
18day	에스토	탈린 시내 및 구시가지 투어	Fat Margaret's Hotel	

19day	에스토	합살루	Fat Margaret's Hotel	
20day	핀란드	탈린 → 헬싱키, 템펠리아우키오 교회	Sokos & Hotel Persidentti	페리 타고 헬싱키로
21day	핀란드	우스펜스키 대성당, 마켓 광장, 수오멘린나 요새	Scandic Helsinki Hub	
22day	러시아	헬싱키 → 상트페테르부르크	상트페테르부르크 Hotel	상페행 국제버스
23day	러시아	여름궁전 페테르고프	Comfort Hotel	
24day	러시아	페테르파블롭스크 요새, 바실리 섬, 카잔 성당	Comfort Hotel	
25day	러시아	상트페테르부르크 시내 투어	기내	
26day	한 국	귀국		귀국

화폐 단위
- 러시아 루블(약 82.74/1달러) • 핀란드, 발트 3국 – 유로(약 0.89/1달러)

■ 기본 준비물 및 배낭에 넣을 것

1. 기본 준비물

30L 백팩1, 10L 백팩1 or 접이식 보조 가방

- 10L 백팩에 넣을 것: 여권, 지갑, 핸드폰, 필기구, 긴바지1, 긴팔 셔츠1, 등산용 양말1, 모자, 등산화1, 슬리퍼1, 속옷 상하의 1세트

2. 배낭에 넣을 것

1) 러시아, 발트 3국, 핀란드 여행 가이드북 1권
2) 태블릿 or 소형 노트북
3) 현지에서 유심을 넣어 사용할 여분의 공기계 핸드폰1, 충전기와 보조 배터리1
4) 긴 면바지2, 반바지1, 긴팔 셔츠2, 반팔 셔츠2, 양말3, 속옷 상하 2세트
5) 얇은 바람막이 재킷1(발트 3국 여행 시 추위를 피하기 위한 의류)
6) 감기약(7일분), 대상 포진 처방 약1 & 입술 포진 연고1, 항생제 캡슐10
7) 3단 접이식 우산1(우산보다는 작은 우비가 좋음)
8) 초소형 전기면도기1(남성의 경우), 초소형 손톱깎이1

■ 알짜 정보 여행 TIP

1. 바이칼 호수 올혼섬 여행

1) 대한항공이 이르쿠츠크까지 직항 편을 운항한다(겨울철 제외). 블라디보스토크나 하바롭스크에서는 시베리아 횡단 열차를 타고 이르쿠츠크로 갈 수 있다. 한국인은 무비자로 입국할 수 있다. 바이칼 호수 탐방 최적기는 여름철이지만, 호젓하게 즐기고 싶다면 9월이 좋다. 리스트비얀카와 올혼섬에서는 민박이나 한국 여관 같은 숙소도 쉽게 찾을 수 있으며, 여름철에는 캠핑도 가능하다. 올혼섬에서는 지프를 타고 떠나는 하보이곶 트레킹이 특히 매력적이다.

2) 러시아 하바롭스크 공항에서 국내선 환승 시, 국제선 건물 밖으로 나와 왼쪽으로 약 5분 정도 걸어가면 국내선이 나온다. 국제선과 국내선이 따로 있는 경우가 있으므로 국내선을 이용할 때는 반드시 확인이 필요하다.

2. 러시아 주요 도시에서 대중교통을 이용하는 방법

교통카드, 1회권 구입 및 가격 정보는 2023년 말~2025년 4월 기준으로 변동될 수 있으니 참고하자.

1) 주요 도시 대중교통 이용 방법
- 지하철(메트로): 가장 빠르고 편리한 이동 수단이다. 역 입구 'KACCA(카싸)'라고 쓰인 매표소나 자동판매기에서 티켓을 구입할 수 있다. 개찰구에 티켓을 넣거나 교통카드를 태그하여 입장한다. 환승 시에는 노선 색깔과 역 이름을 잘 확인해야 한다.
- 버스, 트램, 트롤리버스: 지상으로 이동하며 도시 곳곳을 연결한다. 'билет(빌례뜨)'라고 쓰인 티켓을 매표소, 가판대 또는 일부 정류장의 자동판매기에서 구입할 수 있다. 검표원(кондуктор(깐둑또르))이 버스 내부에서 표를 확인하거나 판매하기도 한다. 교통카드를 사용하는 경우, 버스 내부에 설치된 주황색 카드리더기에 태그하고, 하차 시 별도의 태그는 없다.
- 마르슈르트카(Marshrutka): 정해진 노선을 운행하는 미니버스 형태의 택시다. 일반 버스보다 빠르지만 요금이 약간 더 비싸다. 탑승 또는 하차 시 운전사에게 직접 요금을 지불한다.

2) 교통카드 구입 및 가격(모스크바 기준)
- 트로이카(Тройка): 우리나라의 티머니와 유사한 충전식 교통카드다. 지하철역 매표소나 인포메이션 센터 근처에서 구입할 수 있다.
- 카드 보증금: 약 50루블(반납 시 환불 가능 여부는 확인 필요).
- 충전 방법: 지하철역 키오스크나 창구에서 가능하다.
- 요금: 1회 탑승 시 약 42루블로 1회권보다 저렴하다.
- 혜택: 버스, 트램 간 무료 환승 제도가 적용될 수 있다(확인 필요).
- 유효기간: 마지막 충전 후 약 5년.
- 모스크바 소셜 카드(Социальная карта москвича): 모스크바

시민에게 제공되는 카드로, 학생 할인 등 다양한 혜택이 있으나 여행객에게는 해당이 없다.
- ▶ 예디니(Единый - Single or United Ticket): 지하철, 버스, 트램, 트롤리버스 등 모든 대중교통 수단을 이용할 수 있는 종이 티켓이다.
- 구입처: 지하철역 매표소(KACCA), 자동판매기 등
- 가격: 1회권(약 75루블), 2회권(약 150루블)
- 다회권: 20회권, 60회권 등 횟수가 많을수록 할인율이 높다.
- 기간제 티켓: 1일권(약 240루블), 3일권(약 455루블) 등이 있다.

3) 주의사항
- ▶ 러시아어 안내가 대부분이므로, 미리 관련 단어(매표소, 1회권, 충전 등)를 알아 두거나 번역 앱을 활용하는 것이 도움이 될 수 있다. 최근에는 신용카드나 체크카드로 직접 결제할 수 있는 시스템이 일부 도입되고 있으나, 아직 일반적이지 않으므로 교통카드나 현금을 준비하는 것이 좋다.
- ▶ 여행하는 도시의 교통 정보를 미리 확인해 보시는 것을 추천한다. 안전하고 편리한 대중교통 이용되길 바란다.
- ▶ 러시아 지하철 노선 확인: 미리 노선도 다운로드 또는 현지 구입하여 활용하자.

3. 올혼섬으로 가는 페리 이용 방법과 가격 정보

1) 올혼섬 페리 이용 방법
- ▶ 이르쿠츠크에서 올혼섬 선착장(MRS 또는 Sakhyurta) 이동: 올혼섬으로 가는 페리를 타기 위해서는 먼저 이르쿠츠크에서 MRS(MPC) 또는 Sakhyurta(Сахюрта)라고 불리는 선착장까지 이동해야 한다.
- ▶ 미니버스(маршрутка): 이르쿠츠크 시내버스 터미널(Avtovokzal) 또는 주요 여행사에서 올혼섬행 미니버스를 예약할 수 있다. 약 5~6시간 정도 소요된다.
- ▶ 택시: 택시를 이용하면 더 빠르고 편안하게 이동할 수 있지만, 비용이 비싸다.
- ▶ 투어 차량: 올혼섬 투어 프로그램에 포함된 차량을 이용하는 경우가 많다.
- ▶ 페리 탑승 장소: 페리는 MRS(MPC) 선착장에서 출발한다. 현지인들은 이 지역을 Sakhyurta(Сахюрта)라고도 부른다. 이 두 이름은 같은 장소를 가리킨다.
- ▶ 페리 운항 시간: 페리는 계절에 따라 운항 횟수와 시간이 달라진다.
- 여름(6월~9월): 비교적 자주 운항하며, 보통 아침부터 저녁까지 1~2시간 간격으로 있다. 하지만 관광객이 몰리는 성수기에는 기다리는 시간이 길어질 수 있다.
- 봄/가을(5월, 10월): 운항 횟수가 줄어들 수 있다.
- 겨울(12월~4월): 바이칼 호수가 얼어 페리 운항이 중단된다. 이 시기에는 얼음길을 통해 차량이나 '히부스'라고 불리는 에어보트를 이

용하여 섬에 들어갈 수 있다. 정확한 운항 시간은 현지 선착장이나 여행사에 문의하는 것이 가장 좋다. 온라인으로 시간표를 확인하기 어려울 수 있다.
▶ 페리 탑승 절차: 선착장에 도착하면 올혼섬으로 가는 페리를 기다린다. 차량과 승객 모두 페리에 탑승한다. 차량이 먼저 탑승하고, 그 후에 승객들이 탑승한다. 탑승 시 별도의 티켓 구매 절차는 없는 경우가 많다.
▶ 올혼섬 도착: 페리는 올혼섬의 주요 마을인 후지르(Khuzhir) 근처 선착장에 도착한다. 선착장에서 후지르 마을까지는 도보 또는 택시, 숙소에서 제공하는 차량 등을 이용하여 이동할 수 있다.

2) 올혼섬 페리 가격
▶ 승객 요금: 일반적으로 승객 요금은 매우 저렴하거나 무료인 경우가 많다. 별도의 티켓을 구매하지 않고 탑승하는 경우가 많다.
▶ 차량 요금: 차량을 가지고 올혼섬에 들어가는 경우, 차량 종류에 따라 요금을 지불해야 한다. 봉고차와 같은 작은 차량은 비교적 저렴하며, 큰 차량은 요금이 더 비싸다. 가격은 변동될 수 있지만, 다음과 같다(2023년 기준).
- 승용차/소형 밴: 약 150~300루블
- 미니버스(봉고차): 약 300~500루블

3) 주의사항
▶ 가격 변동: 페리 요금은 유류 가격, 계절, 정책 등에 따라 변동될 수 있으니 확인이 필요하다.

▶ 사전 예약: 차량을 가지고 가는 경우, 특히 성수기에 미리 예약을 하는 것이 좋다. 예약은 현지 여행사나 선착장을 통해 문의할 수 있다.
▶ 겨울철: 겨울에는 페리가 운행하지 않으므로, 얼음길 이용 방법을 숙지해야 한다. 얼음길은 안전을 위해 개방 기간이 정해져 있으며, 특수 차량(히부스 등)을 이용하는 경우가 많다. 올혼섬 여행 계획 시, 이동 시간과 페리 운항 여부를 미리 확인하여 일정을 짜는 것이 중요하다.
▶ 올혼섬 내 이동: 러시아제 '우아직' 지프차를 이용한 투어가 일반적이며, 자전거 대여도 가능하다.

4. 러시아 음식 & 맛집

1) 러시아 음식
▶ 러시아 전통 음식: 보르쉬, 샤슬릭, 펠메니 등 현지 음식 도전해 보는 것도 좋다.
▶ 바이칼 호수 특산물: 훈제 오물을 맛보는 것을 추천한다(리스트비얀카, 시장 등).
▶ 현지 시장: 이르쿠츠크 중앙 시장 등에서 신선한 식재료나 간식 구입이 가능하다.
▶ 리스트비얀카 먹거리: 훈제 오물 노점상들이 많으니 꼭 먹어 보도록 하자.
▶ 시베리아 횡단 열차 식량 준비: 장거리 이동이므로 미리 컵라면, 빵, 물 등 간편식을 준비하는 것이 좋다.

2) 붉은 광장 주변 맛집 '스톨로바야 57'

굼 백화점 3층에 위치한 소련 스타일의 셀프 식당이다. 다양한 러시아 음식을 저렴한 가격에 즐길 수 있어 인기가 많다.

▶ 추천 메뉴:
- 보르쉬(Борщ): 우크라이나에서 유래한 수프로, 토마토 베이스에 약간 매콤한 맛이 나는 육개장과 비슷하다.
- 샤슬릭(Шашлык): 세 종류의 고기가 함께 나오는 꼬치 요리다. 매콤한 소스와 양파 절임과 함께 제공된다.
- 뻴메니(Пельмени): 러시아식 만두다.
- 나폴레옹 케이크, 메도빅: 러시아에서 인기 있는 케이크다.

▶ 주소: 붉은 광장 안 '굼 백화점' 3층

▶ 지하철: Okhotny Ryad 역이나 Teatralnaya 역에서 하차 후 도보로 이동할 수 있다.

▶ 주의사항:
- 스톨로바야는 러시아어로 '구내식당'을 의미한다.
- 원하는 음식을 쟁반에 담아 계산하는 뷔페식 시스템이다.
- 식사를 마친 후에는 식기를 반납하는 곳에 가져다 놓아야 한다.

5. 환전 & 통신

▶ 환전 시기 및 장소: 한국에서 달러로 환전 후, 러시아 현지에서 루블로 재환전을 해야 한다. 공항이나 은행, 환전소를 이용하자.

▶ 유심 구입: 현지 도착 후 공항이나 통신사 매장에서 데이터 유심을 구입할 수 있다.

6. 숙소

▶ 올혼섬 숙소: 통나무집 형태의 민박이나 게스트하우스 이용이 가능하다.
▶ 리스트비얀카 숙소: 민박, 호텔 등 다양한 숙소 이용이 가능하다. '반야(러시아식 사우나)'도 체험해 보자.

7. 러시아 여행 시 주의 사항

▶ 여권 및 출국 카드(러시아): 항상 소지하고 분실을 주의한다. 거주지 등록 필요 여부를 확인한다.
▶ 소매치기 주의: 특히 기차역, 시장 등 사람이 많은 곳에서 귀중품 보관에 유의한다.
▶ 러시아 경찰 조심: 불필요한 오해를 사지 않도록 주의하고, 부당한 요구에는 단호한 대처가 필요하다.
▶ 여행자 보험 가입: 만약을 대비하여 여행자 보험 가입은 필수다.
▶ 러시아어 번역 앱: 러시아어 메뉴판이나 안내판을 위해 번역 앱을 미리 준비한다.

▶ 비상 연락망 확인: 현지 한국 대사관 또는 영사관 연락처 및 가족 비상 연락망 미리 숙지한다.

8. 빌뉴스에서 트라카이 가는 방법

▶ 빌뉴스 기차역에서 트라카이행 기차표를 직접 구매할 수 있고, 카드 결제도 가능하다(약 1.8유로).
▶ 매일 1시간에서 2시간 간격으로 운행하며, 첫차는 빌뉴스에서 오전 6~7시경, 막차는 오후 7시 42분경에 있다. 주말에는 첫차 시간이 조금 늦어질 수 있다.
▶ 시간표 확인과 티켓 구매: LTG Link(리투아니아 철도 회사) 공식 웹사이트(ltglink.lt)에서 출발지와 도착지를 설정하고 날짜를 지정하면 정확한 기차 시간표를 확인할 수 있으며, 온라인으로 티켓 구매도 가능하다.

9. 리가에서 13세기 중세 식당 '로젠그랄스(Rozengrāls)'

에스토니아 수도 리가에 있는 13세기 중세 식당이다.
▶ 주소: Rozena iela, Centra rajons, Rīga, LV-1050 라트비아

10. 헬싱키 대중교통 정보

헬싱키 시내 대중교통 이용 시 교통 티켓을 구매하는 방법과 가격은 다음과 같다. 헬싱키의 대중교통 시스템은 HSL(Helsinki Regional Transport Authority)에서 운영하며, 버스, 트램, 지하철, 교외 열차 및 페리를 포함한다.

1) 티켓 종류
- 1회권(Single Ticket): 정해진 시간 동안(AB 구역 기준 80분) 환승이 가능하다.
- 일일권(Day Ticket): 24시간, 48시간, 72시간 등 정해진 기간 동안 무제한으로 대중교통을 이용할 수 있다.
- 정기권(Season Ticket): 장기간 머무는 경우 유리하다.
- HSL 카드(HSL Card): 충전식 카드로, 1회권 또는 기간제 티켓을 충전하여 사용할 수 있다.
- HSL 앱(HSL App): 스마트폰 앱을 통해 티켓을 구매하고 사용할 수 있다.

2) 티켓 구매 방법
- HSL 앱: 가장 편리한 방법으로, 앱을 다운로드하여 신용카드 등으로 티켓을 구매하고 활성화할 수 있다.
- 자동판매기: 지하철역, 주요 트램 정류장, 캄피 버스 터미널 등에서 찾을 수 있다.
- HSL 고객 서비스 포인트: 헬싱키 중앙역 등 주요 장소에 있다.

- 일부 버스 및 트램: 운전기사에게 직접 구매할 수 있지만, 잔돈이 필요하며 앱이나 자동판매기보다 비쌀 수 있다.
- 헬싱키 카드(Helsinki Card): 헬싱키 시티 카드 또는 헬싱키 지역 카드를 구매하면 일정 기간 동안 대중교통을 무료로 이용할 수 있을 뿐만 아니라, 박물관 및 관광 명소 입장료 할인 등의 혜택도 받을 수 있다.

3) 티켓 가격(2025년 5월 기준, 변동 가능)
- 1회권(AB 구역): 약 3.20유로
- 1일권(AB 구역): 약 11.00유로
- 2일권(AB 구역): 약 16.50유로
- 3일권(AB 구역): 가격 변동 가능
- HSL 카드: 카드 자체 가격이 있으며, 충전하는 금액에 따라 다르다.
- 헬싱키 카드(24시간, 시티): 성인 약 62유로, 아동 약 32유로(교통 및 주요 관광지 무료)

4) 주의사항
- 헬싱키 대중교통은 구역(Zone) 시스템으로 운영된다. 시내 중심부는 AB 구역에 해당하며, 공항은 C 구역에 있다. 따라서 이동 거리에 따라 필요한 구역 티켓을 구매해야 한다. 티켓을 구매하기 전에 HSL 앱이나 웹사이트의 경로 검색 기능을 이용하여 필요한 구역을 확인하는 것이 좋다. 티켓을 소지하지 않고 대중교통을 이용할 경우 벌금이 부과될 수 있다.
- 최신 정확한 가격 정보: HSL 공식 웹사이트(www.hsl.fi)

11. 헬싱키 맛집

1) 헬싱키 현지 맛집 'Ravintola Zetor'
   핀란드의 전통적인 가정식을 맛볼 수 있는 인기 있는 레스토랑이다. 빈티지한 농기구와 소품으로 꾸며진 독특한 분위기가 특징이다.
▶ 추천 메뉴:
- Särä: 핀란드 전통 양고기 요리로, 10시간 이상 오븐에서 천천히 조리하여 부드럽고 깊은 풍미를 자랑한다(계절 메뉴일 수 있으므로 확인 필요).
- Lohikeitto: 핀란드식 연어 수프로, 부드러운 연어와 감자, 크림의 조화가 일품이다. 든든한 한 끼 식사로 좋다.
- Poronkäristys: 순록 고기를 얇게 썰어 볶은 요리로, 으깬 감자나 링곤베리 잼과 함께 제공된다. 핀란드 북부의 대표적인 음식이다.
▶ 주소: Mannerheimintie 3-5, 00100 Helsinki, Finland
▶ 트램: 1, 2, 3, 4, 6, 7, 8번 트램을 타고 Ylioppilastalo 정류장에서 하차 후 도보 약 2분 거리다.
▶ 지하철: 헬싱키 중앙역(Helsingin päärautatieasema)에서 도보 약 5분 거리다.

2) 한국 식당 'Restaurant Seoulissa'
   현지인들에게도 인기가 많은 깔끔하고 맛있는 한식당이다. 다양한 한국 요리를 맛볼 수 있다.
▶ 추천 메뉴:
- 돌솥비빔밥: 뜨겁게 달궈진 돌솥에 밥과 다양한 채소, 고기, 계란을

넣고 고추장으로 비벼 먹는 한국의 대표적인 메뉴다.
- 불고기: 달콤 짭짤하게 양념한 소고기를 구워 쌈 채소와 함께 먹으면 훌륭한 맛을 자랑한다.
- 김치찌개: 얼큰하고 시원한 맛이 일품인 김치찌개는 한국인의 밥상에서 빠질 수 없는 메뉴다.
- 잡채: 다양한 채소와 당면을 간장 양념에 볶아 낸 잔치 음식으로, 외국인들에게도 인기가 많다.
▶ 주소: Fredrikinkatu 27, 00120 Helsinki, Finland
▶ 트램: 3번 트램을 타고 Fredrikinkatu 정류장에서 하차 후 도보 약 1분 거리다.
▶ 지하철: Kamppi 역에서 하차 후 도보 약 7분 거리다.

두 곳 모두 헬싱키 시내 중심부에 위치하여 대중교통으로 쉽게 접근할 수 있다. 현지 음식을 경험하고 싶다면 Ravintola Zetor를, 한국 음식이 그리울 때는 Restaurant Seoulissa를 방문해 보자. 예약이 필요할 수 있으니 미리 확인하기 바란다.

12. 상트페테르부르크 대중교통 정보

1) 대중교통 종료
▶ 지하철(метро): 가장 빠르고 효율적인 이동 수단으로, 주요 관광지를 연결한다.

- 버스(автобус): 시내 곳곳을 연결하는 광범위한 노선망을 가지고 있다.
- 트롤리버스(троллейбус): 버스와 유사하지만, 전기를 이용하며 일부 특정 노선을 운행한다.
- 트램(трамвай): 노면 전차로, 일부 지역에서 이용 가능하다.
- 택시(такси): 편리하지만 요금이 비싼 편이다. '얀덱스 택시(Yandex Taxi)'와 같은 앱을 이용하면 편리하고 비교적 저렴하게 이용할 수 있다.
- 수상 교통(аквабус, речной трамвай): 여름철에는 네바강을 따라 운행하는 수상 버스나 유람선도 이용할 수 있다.

2) 티켓 구입 방법
- 지하철 토큰(жетон): 지하철역 매표소나 자동판매기에서 1회용 토큰을 구입할 수 있다.
- 교통 카드 '포도로жник(Подорожник)': 충전식 교통카드로, 지하철, 버스, 트롤리버스, 트램에서 모두 사용할 수 있다. 장기간 여행하거나 대중교통을 자주 이용할 경우 편리하고, 1회권보다 약간 저렴하다.
- 구입: 지하철역 매표소에서 구입할 수 있다. 보증금이 있으며, 카드 반납 시 환불받을 수 있다.
- 충전: 지하철역 자동 충전기나 매표소에서 충전할 수 있다.
- 1회용 티켓: 버스, 트롤리버스, 트램에서는 차내에서 직접 현금으로 지불하고 티켓을 구입할 수 있다.

▶ 온라인 앱: 'Транспорт СПб' 또는 'BSTR'과 같은 모바일 앱을 통해 일부 티켓을 구매하거나 '포도로(жник)' 카드를 충전할 수 있다.

3) 요금(2023년 기준, 변동 가능성 있음)
▶ 지하철: 1회 70루블(토큰 기준), '포도로(жник)' 카드 이용 시 49루블부터(이용 횟수에 따라 할인 적용)
▶ 버스, 트롤리버스, 트램: 1회 60루블(현금 또는 '포도로(жник)' 카드)

4) 대중교통 이용 시 유의사항
▶ 지하철역에서는 보안 검색이 이루어질 수 있다. 차내에서는 티켓을 잘 보관하고, 검표 시 제시해야 한다. 러시아어 안내 방송에 익숙하지 않다면, 노선도 앱이나 직원에게 미리 확인하는 것이 좋다. 붐비는 시간대에는 소지품에 주의하자.

5) 유용한 정보
▶ 상트페테르부르크 지하철 노선도: 인터넷이나 지하철역에서 구할 수 있다. 'Yandex Metro'와 같은 앱을 이용하면 편리하게 노선 정보를 확인할 수 있다.
▶ 온라인 교통 앱: 'Транспорт СПб' 또는 'BSTR' 앱은 실시간 교통 정보, 도착 예정 시간, 경로 검색 등의 유용한 기능을 제공한다.

13. 상트페테르부르크 맛집

1) 로컬 식당 'Ять(Yat)'

  이곳은 전통적인 러시아 요리를 현대적인 감각으로 재해석한 레스토랑이다. 현지 식재료를 최대한 활용하며, 예르미타시 박물관, 러시아 박물관, 피의 구원 사원 등 주요 관광지와 가까워 접근성도 좋다.

▶ 추천 메뉴:

- Пельмени ручной работы(수제 펠메니): 러시아식 만두로, 속이 꽉 차고 담백한 맛이 일품이다. 다양한 종류를 맛볼 수 있다.
- Борщ с копченостями(훈제 고기를 넣은 보르쉬): 깊고 진한 국물 맛이 일품인 러시아 전통 수프이다. 훈제 고기가 풍미를 더한다.
- пожарская котлета(포자르스키 커틀릿): 다진 닭고기와 빵가루로 만든 부드러운 커틀릿으로, 러시아 황실에서도 즐겨 먹던 고급 요리다.
- Настойки домашнего приготовления(수제 보드카): 다양한 맛의 수제 보드카를 맛보는 것도 좋은 경험이다.

▶ 주소: Конюшенный пер., 1/6, Санкт-Петербург, Россия (Konyushenny Ln, 1/6, St. Petersburg, Russia)

▶ 지하철:

- Nevsky Prospekt(Невский проспект) 역에서 하차 후 도보 약 10분 거리
- Admiralteyskaya(Адмиралтейская) 역에서 하차 후 도보 약 15분 거리

▶ 버스: 다양한 버스 노선이 근처를 지나므로, 숙소 위치에 따라 편리한 버스를 이용하면 된다.

2) 한국 식당 'BabJib(밥집)'

이곳은 현지인들에게도 인기가 많은 아늑한 분위기의 한식당이다. 다양한 한국 음식을 맛볼 수 있으며, 특히 떡볶이가 유명하다.

▶ 추천 메뉴:
- Токпокки(떡볶이): 매콤달콤한 양념에 쫄깃한 떡과 어묵을 함께 볶은 한국 대표 길거리 음식이다.
- Бибимбап(비빔밥): 다양한 채소와 고기, 계란을 고추장과 함께 비벼 먹는 영양 만점 식사이다. 돌솥비빔밥도 인기 메뉴다.
- Пулькоги(불고기): 달콤 짭짤하게 양념한 소고기를 구워 쌈 채소와 함께 먹으면 훌륭한 맛을 자랑한다.
- Кимчи(김치): 다양한 종류의 김치를 맛볼 수 있다.

▶ 주소: ул. Маяковского, 1/96, Санкт-Петербург, Россия (Ulitsa Mayakovskogo, 1/96, St. Petersburg, Russia)

▶ 지하철:
- Mayakovskaya(Маяковская) 역에서 하차 후 도보 약 2분 거리
- Ploshchad Vosstaniya(Площадь Восстания) 역에서 하차 후 도보 약 5분 거리

▶ 버스: 다양한 버스 노선이 마야콥스카야 역 근처를 지나간다.

*한국 식당 'BabJib(밥집)'

두 식당 모두 상트페테르부르크 시내 중심부에 위치하여 접근이 용이하다. 러시아 전통 음식과 한국 음식을 모두 경험해 보자. 식당의 영업시간이나 예약 여부는 방문 전에 다시 한번 확인하시는 것이 좋다.

14. 해외 배낭여행 전문 여행사 '여행꾼'

서울 서대문구에는 배낭여행을 즐기는 여행자들을 위해 행복한 여행사 '여행꾼'이 있다. 이 여행사는 '꾼'이라는 말에서 느낄 수 있는 것처럼 언제나 낮은 자세로 친절하게 여행객을 대하고 있다. 특히 여행객들이 여행하는 동안 즐겁고 편안한 여행이 되록 최선을 다하는 자유여행 전문 여행사다.

여행꾼 여행사는 중남미, 아프리카, 러시아와 북유럽 지역 외 아시아, 호주 등으로 자유여행을 하는 여행객들을 위한 여행사다. 현지에서 수년간의 체험과 여행 경험을 토대로 그 지역 전문가들이 여행객들에게 친절하고 세련된 서비스를 제공하고 있다.

특히 많은 사람이 아직 경험해 보지 못한 해외 지역의 여행 경험과 인솔 경험이 많은 여행사 대표 데니스가 직접 여행객을 인솔하기 때문에 믿을 수 있고, 안전하다. 러시아와 발트 3국, 그리고 핀란드로 자유여행을 위한 팁과 여행 정보를 얻고 싶은 사람이라면 여행꾼 여행사 대표 데니스와 소통을 강추한다.

▶ 서울 사무소: 서울시 서대문구 경기대로 42 2층(충정로 3가)
▶ T: 02-6352-0007 / M: 010-2317-4474
▶ E-mail: tourkun@gmail.com

*아들과 여행꾼 여행사 대표 데니스

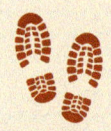